幼儿园课程，创设让幼儿发展的美好情境

kindergarten

课程实施的 10 种模式

郑开心

张嘉克

忽炘然

学校课程深度变革丛书　　杨四耕 主编

让幼儿发展的美好情境

kindergarten

课程实施的10种模式

姚丽萍 ◎ 主编

华东师范大学出版社
·上海·

图书在版编目（CIP）数据

课程实施的10种模式/姚丽萍主编.—上海：华东师范大学出版社,2018
（学校课程深度变革丛书）
ISBN 978-7-5675-8328-3

Ⅰ.①课… Ⅱ.①姚… Ⅲ.①学前教育－课程建设－研究 Ⅳ.①G612

中国版本图书馆 CIP 数据核字(2018)第 215164 号

学校课程深度变革丛书

课程实施的10种模式

丛书主编　杨四耕
主　　编　姚丽萍
责任编辑　刘　佳
特约审读　朱美玲
责任校对　孙祖安
装帧设计　卢晓红　刘怡霖

出版发行　华东师范大学出版社
社　　址　上海市中山北路 3663 号　邮编 200062
网　　址　www.ecnupress.com.cn
电　　话　021-60821666　行政传真 021-62572105
客服电话　021-62865537　门市(邮购)电话 021-62869887
地　　址　上海市中山北路 3663 号华东师范大学校内先锋路口
网　　店　http://hdsdcbs.tmall.com/

印刷者　常熟市文化印刷有限公司
开　　本　787×1092　16 开
印　　张　14.75
插　　页　2
字　　数　222 千字
版　　次　2019 年 1 月第 1 版
印　　次　2020 年 12 月第 3 次
书　　号　ISBN 978-7-5675-8328-3/G·11494
定　　价　45.00 元

出版人　王　焰

（如发现本版图书有印订质量问题，请寄回本社客服中心调换或电话 021-62865537 联系）

编委会

主 编

姚丽萍

副主编

郑 燕

成 员

王轶晶 朱 萌 叶雪梅 汤 淳

陆婷婷 张幼萍 郑 燕 祝宏霞

殷梦姣 潘丹丽

丛书总序

迈向 3.0 的学校课程变革

学校课程变革有三个层次：一是 1.0 层次。这个层次的课程变革，以课程门类的增减为标志，学校会开发一门一门的校本课程，并不断增减，这是"点状"水平的课程变革。二是 2.0 层次。处在这个层次，学校会围绕某一特定的办学特色或项目特色，开发相应的特色课程群。在一定意义上，这个层次的课程变革是围绕办学特色的"线性"课程设计与开发水平。三是 3.0 层次。此层次，学校课程发展呈"巢状"，以多维联动、有逻辑的课程体系为标志，将课程、教学、评价、管理以及师生发展融为一体，这是文化建构与创生层次的课程变革。

当前，碎片化、大杂烩的学校课程变革普遍存在。具体表现如下：

一是不贴地。没有学校课程情境的分析，空降式课程开发，不基于学校实际，没有在地文化意识，不关注孩子们的学习需求，为了课程而课程。

二是无目标。不少学校的改革是为了课程而课程，课程建设不是基于育人目标的实现，脑中没有育人意识，眼中没有育人目标，育人目标与课程目标不能很好地实现对接。

三是无逻辑。没有学校课程的顶层设计或整体规划，学校课程建设只是一门、一门的校本课程的累加，处于"事件"状态，没有形成"整体"气候，没有"体系"意识。没有基于学校的办学理念提出自己的课程理念，办学理念与课程理念一致性比较弱，更别谈基于理念的课程设计、实施与评价的"连结"或"贯通"了。

四是大杂烩。学校虽然开发了很多课程，但对课程没有进行合理的分类，课程之间的关联性与结构性比较弱；杂乱无序的"课程碎片"以及随意拼凑的"课程拼盘"，很难以发挥课程的整体育人效果。

五是不活跃。课程实施方式单一,以课堂教学为主渠道,以学科学习为主范域,以知识拓展为主追求,辅之以兴趣小组、社团活动,对户外学习、服务学习、综合学习、动手操作等方式用得很少。

六是无评价。没有课程认证与评估,课程开发随意性比较大;课程设计没有具体评价考虑,课程实施效果没有评价支撑,其结果不得而知。

七是弱管理。基于现实因素,中小学对教学管理是抓得很紧的,但因课程开发对学校来说只不过是"锦上添花"的东西,所以大多数学校的课程管理都比较弱,基本不受重视。从现实情况看,中小学教师普遍没有课程意识、课程开发能力比较弱,更不懂得如何管理课程,课程资源意识也比较淡。

八是低关联。学校课程的各要素之间关联度低,如学校课程建设没有触及课堂教学改革,课程建设与教学有效性的提升没有关系;中小学真正参与课程建设的积极性普遍不高,他们内心里觉得"课程开发浪费时间","对提高教学质量没有用",课程开发在很大程度上还只是行政推动或为了所谓的"办学特色"而已。

林林总总,中小学课程改革的细节问题很多,很值得我们关注。教育部《关于全面深化课程改革,落实立德树人根本任务的意见》指出:中小学课程改革从总体上看,整体规划、协同推进不够,与立德树人的要求还存在一定差距。主要表现为:课程目标有机衔接不够,课程教材的系统性、适宜性不强;与课程改革相适应的评价制度不配套,课程资源开发利用不足,支撑保障课程改革的机制不健全等。因此,更深层次地说,迈向3.0的学校课程变革是"立德树人"的深切呼唤。

根据笔者多年的观察与研究,对中小学而言,3.0的学校课程有以下基本特征:一是倾听感,聚焦"原点",关注学生的学习需求;二是逻辑感,严密的而非大杂烩或拼盘的;三是统整感,更多地以嵌入的方式实施而非简单地做加减法;四是见识感,以丰富学生的学习经历而不以知识拓展或加深为取向;五是质地感,课程建设触及课堂教学变革,教学有效性的提升倚赖课程的丰富与精致。

在迈向3.0的学校课程变革旅途中,中小学可以推进以下六个"关键动作",扎实、深入推进学校课程变革,形成学校课程变革架构,创生学校文化特色。

第一个关键动作,把儿童放在课程的中央,关注儿童的学习需求与兴奋点。

3.0课程是以学习为中心的课程。捕捉孩子们的兴奋点,点燃孩子们的学习热情,满足孩子们的学习需求是学校课程变革的首要议题。

学习需求是学习的动力,是影响学习品质的重要因素。在一所学校,从学习需求的主体看,我们应关注这样三类学习需求:一是所有孩子的共同学习需求,二是一部分孩子的团体学习需求,三是一个特定孩子的个别化学习需求。学校如何采取合理的方式,识别、发现、回应、满足、引导学生的学习需求,促进学生发展,是学校课程发展的关键。从学生学习需求的动态发展变化过程去分析、研究学生的学习需求,在学生学习需求的满足与不满足的动态平衡中去研究学校课程架构才有实际意义。在"回归"意义上,学校课程建设把学习需求放在中央,是以学生发展为本的教育理念的具体反映。

学习需求分析是一个系统化的调查研究过程。我们要通过调查全面了解学生的实际情况。调查的对象可以是群体,如一个班级或教师任教的几个班级、一个年段甚至更广;也可以是个体,如某个特别的学生或两个对比的学生。具体调查方法有问卷调查、访谈座谈、测试调查、案例分析、典型跟踪等。不管哪种方法,主要目的是收集相关数据,整理、分析、判断、发现学生现状中存在的问题,并找出问题产生的原因,以便在课程设计中对症下药,确定解决该问题的必要途径。

当然,我们也要注意区分哪些需求是必须满足的,哪些需求不是非满足不可的,哪些需求是需要引导和调整的。杜威说:教育即经验的改造。面对孩子们,我们要思考的是:是不是所有的经验都可以进入课程?怎样的经验具有满足孩子们学习需求的属性呢?实践证明,经验必须满足以下两个条件才能进入课程:第一,经验必须关注儿童生长,必须把儿童放在课程的中央,真正促进儿童的成长与发展;第二,经验必须具有连续性。经验仅仅新鲜、有趣是不够的,散乱的、割裂的和"离心"的经验,是没有意义的,不能作为课程的有机构成。经过设计的"经验"可以从小到大、从自我生活到公共领域。经过精心"改造"过的经验,可以很好地体现"逻辑结构"与"心理结构"的有机统一。换言之,我们的课程设计应该贴近儿童的学习需求,聚焦孩子们的生长点。

第二个关键动作,建构自己独特的"课程图谱"或"课程坐标"。

丰富的课程比单一的课程更有利于孩子们的人性丰满,这是一个课程常识。如果把课程视为书本,孩子们可能会成为书呆子;如果把课程视为整个世界,孩子们可能会拥有驾驭世界的力量。

课程是一个可延伸的触角。让课程更好地链接生活、链接活动、链接管理以及一切可能的要素,让学校课程纵横交错,能够真正"落地",这是迈向 3.0 课程变革的关键手法。

为此,每一所学校都应致力于建构自己独特的"课程图谱"或"课程坐标"。在横向上,将学校课程按照一定的逻辑进行合理的分类;在纵向上,将学校课程按照年级分为不同层级,形成一个适应不同年龄阶段孩子的课程阶梯。具体地说,在横向上,重构学校课程分类,让孩子们分门别类地把握完整的世界之奥秘;在纵向上,强调按先后顺序、由简至繁、从已知到未知、从具体到抽象,保持课程的整体连贯。这样,我们就可以形成天然的、严密的学校课程"肌理",让课程有逻辑地"落地",有利于克服课程碎片化、大杂烩问题。

总之,如何按照一定的逻辑,理顺学校课程纵向与横向关系是学校课程变革需要审慎思考的问题。让课程真实地存在于特定学制之中、特定年级之中、特定班级之中,让每一位教师可以看到自己在学校课程图谱中的位置,每一个家长可以更清晰地知道自己的孩子在学校将学习什么,未来将发生什么,学校将把孩子们引向何方……一句话,课程是动态的课程,而不是静止的名称。

第三个关键动作,具身学习成为课程最核心的实践样式。

真正的学习应是具身的。换言之,只有个体亲身的经历和体验才称得上是学习。课程从本质上说是一种经验。说白了,课程就是让孩子们体验各种经历,并由此将知识以及其他的各种可能转化为自身的经验,实现自身的"细微变化"。

3.0 的学校课程表现出这样两个特点:一是突出孩子们在课程设计、实施与评价中的主体地位,让他们在课程中释放激情;二是从孩子们的角度出发设计课程,以孩子们喜欢的方式实施、评价以及管理课程。这样,课程不是外在于孩子们的,孩子们本身就是课程的设计者、实施者和评价者。

培根说,知识就是力量。这话只说对了一半,确切地说,具身的知识比离身的知识更有力量,能够勾连起想象力的知识比无想象力的知识更有力量,有繁殖力的知识比无繁殖力的知识更有力量,成体系的知识比碎片化的知识更有力量,被运用的知识比没有得到运用的知识更有力量。课程是有设计、有组织的经验系统。在这里,见识比知识更重要,智识比见识更有价值。

在课程实施过程中,让孩子们采用多样的、活跃的学习方式,如行走学习、指尖学习、群聊学习、圆桌学习、众筹学习、搜索学习、聚焦学习、触点学习……但凡孩子们生活世界里精彩纷呈、活跃异常的做事方式,就是课程实施的可能方式,而不仅仅是所谓的概念化了的"自主、合作、探究"。杜威说:"一切学习来自经验。"实践、沉浸、对话、互动、参与、体验是课程最活跃、最富灵性的身影,也是课程实施的最重要的方法。重视孩子们直接经验的获得,通过一系列的实践活动,扩充和丰富孩子们的经验,是3.0课程的重要表征。

第四个关键动作,课程不再是"孤军作战",关联与整合成为课程实施的常态。

关联与整合是3.0学校课程变革的关键特征之一。关联与整合强调要以各学科的独立性为前提对课程内容进行多维、多向的组织。这就意味着,我们要打破学科的固有界限,找出课程要素之间的内在联系,关注知识的应用而不仅仅是知识形式,强调内容的广度而不仅仅是深度。在整合的基础上,加强各个学科之间、课程内容和个人学习需求之间、课程内容和校外经验之间的广泛联系。

一般地说,课程整合有两种常见方式:一是射线式整合,即以学科知识为圆点,根据知识的内在逻辑联系而进行多维拓展与延伸;二是聚焦式整合,即以特定资源为主题,根据学习者的兴趣或经验,以加强孩子们与社会生活的多学科、多活动的关联与整合。从表现形式来看,既有"学科内统整",又有"学科间统整";既有"跨学科统整",又有"学科与活动统整"以及"校内与校外统整"等。

课程是浓缩的世界图景。3.0的课程是富有统整感的课程,是多维连结与互动的课程。不论是学科课程的特色化拓展,还是主题课程的多学科聚焦,都应尽可能回到完整的世界图景上来，努力将关联性与整合性演绎得淋漓尽致，让孩子们领略世界的完整结构。

第五个关键动作，学校弥漫着浓郁的课程氛围，自觉的课程文化是变革的结晶。

课程保障条件的落实、课程氛围的营造以及学校文化的自觉生成，是3.0课程变革的重要组成部分。中小学如何落实课程保障条件、让学校课程氛围浓郁起来？有两点建议值得一提：

一是主题仪式化。孩子们对于节日的喜爱源自天性，几乎没有孩子不喜欢"过节"。每个学期开始前，学校可以集体策划、共同商讨本学期的主题节日。如学校可以推出热火朝天的"劳动节"，引导着孩子们动手动脑，学会观察，搞小研究，孩子们以"种植"为主题，选择不同的植物作为研究对象；可以设计绚烂多彩的"涂鸦节"，针对不同年级开展不同的涂鸦活动，以生动有趣的形式来展现审美情趣，表达情感，激发孩子们的创意，让他们增进环保意识；可以创造生机盎然的"花卉节"，带着孩子们走进大自然，感受花卉的美丽绚烂，搜索和花相关的各种诗篇、成语、民间故事，增长见识的同时提升审美情趣；可以拥有别开生面的"晒宝节"，孩子们在全家的支持下开始搜索各种宝贝，如独立寻找自己的钢琴考级证书，在家人的帮助下寻找爸爸、妈妈小时候的照片，奶奶钟爱的缝纫机，爷爷的上海牌手表等。当然，我们还可以生成趣味无穷的"游戏节"、传递温情的"爱心节"、开阔眼界的"旅游节"……对于孩子们来说，校园节日是难能可贵的课程。

一句话，学校精心准备、周密策划，充分发挥全体教师的智慧与才干，开发具有时尚、艺术、娱乐等元素的、孩子们喜欢的校园节日，将德育活动通过一个个校园节日展现出来，让丰富多彩的节日活动吸引孩子们，让浓郁的课程文化给孩子们的校园生活留下美好的回忆。

二是空间学习化。迈向3.0的课程善于发现空间的"意义结构"，它常常以活跃的空间文化布局诠释"空间即课程"的深刻内涵。现在，我们有很多学校已经意识到了"空间课程领导力"的价值。诸如以下一些做法都是值得我们赞赏的：1. 办学理念视觉化、具象化，充分展示一所学校的文化气质；2. 办学特色课程化、场馆化，让办学特色成为课程美学；3.教室空间资源化、宜学化，让每一间教室都释放出生命情愫；4.图书廊馆特色化、人性化，让沉睡的图书馆得以唤醒；5.食堂空间温馨化、交往化，让喧闹的餐厅不仅仅可以就餐；6.楼道空间活泼化、美学化，让孩子们转角遇见另一种美……如何最大限度地让校园空间成为课程的有机组成部分，如何最大限度地让每一个物理空间释放教育能量，如何突破教室和校园围墙限制，让社区、大自然和各种场馆成为课程深度推进的生命空间，是3.0课程的美好期待。

这意味着，我们应当超越对空间的一般认知，重塑空间价值观念，提升空间课程领导力。通过设计、再造、巧用空间的"点、线、面、体"，促进学校课程深度变革。我们应从实践美学的视角，重新发现学校空间的课程内涵，清晰定位学校的办学愿景、办学理念、内涵特色和育人目标，把无形的教育理念转变为有形的课程空间，通过深入分析学校的内涵发展、办学特色、课程理念，以及学生的多元学习需求，研究不同课程教学活动对空间的功能诉求，从物理设施、学习资源、技术环境、情感支撑和文化营造等维度上，对空间功能进行整体再构和巧妙运营，将课程理念转变为看得见的空间课程，让空间最大程度地满足不同学生的多元化发展需要。

总之，课程是一种文化范式。推动基于课程向度的仪式创意与空间设计，关注学习方式的多变性和场景性、学习时间的灵活性和可支配性、学习空间的多元性与舒适性、学习资源的丰富性和易得性，让所有的时空都释放出教育价值，让所有的时空都成为课程场景，让孩子们学习作品的形成、展示、发布、分享成为校园里最美丽的景观，让时空展示出生命成长的气息和活性，这是3.0课程的美好图景之一。

第六个关键动作，聚焦儿童的成长与发展，让课程表现出鲜明的回归属性。

3.0课程变革具有鲜明的回归属性：无穷点的多维连结聚焦到人的完整发展与灵性生长，回归到"教育即解放"这一"原点"上。

众所周知，课程与儿童的关系是一个既古老又年轻的话题。说它古老，是因为自从有了学校教育，有关课程与儿童的讨论便应运而生，历史上每一次课程改革都必然伴随着儿童观的思考；说它年轻，是因为随着时代的发展，这个问题会表现出新的形态与新的内涵。可以说，"让课程回归儿童"是3.0课程的必然选择。

当前，我们有很多学校在处理课程与儿童的关系问题上显示了高超的艺术与纯熟的智慧：课程目标设计过程凸显内在生长的视角，课程内容设计方面突出课程内容的生命活性，课程结构把握强调纵横交错的系统思维，课程实施探索强调具身学习的人本立场，课程评价与管理彰显儿童的主体地位。

课程即独特的生命体验。一百个孩子，一百个世界。每一个孩子对世界的认识都不一样，课程就是要认可每一个孩子的生命体验，并尊重他们的选择和体验。课程也是可选的发展标志。每一个孩子都有自己的发展高度，每一段路都是一个人生标杆，每一段经历都是一个人生标杆。课程就是要依据孩子的不同实际，开发适合他自己的独特的"生命图景"，让课程真正回归儿童。

说到这里，不由地想起美国课程学者小威廉姆 E·多尔提出的以 Rich（丰富性）、Recursive（回归性）、Relational（关联性）和 Rigorous（严密性）的"4R"课程设计理路，让学校课程变革更符合生命成长的诗性节律。我的推想是，迈向 3.0 的学校课程变革是不是在践行"4R"的课程追求呢？是不是在推进基于文化自觉的课程变革呢？答案是肯定的！

杨四耕

2016 年 11 月 15 日于上海市教育科学研究院

目 录

前言　让学校课程实施活跃起来 / 01

第 1 章　故事模式：用形象展现学习的魅力 / 001

　　故事模式，概括地说就是将故事情节贯穿于整个教学活动过程中，以活泼易懂的故事情节、鲜活生动的语言描述开展教学活动的一种策略或方法。作为一种教学策略与方法，它针对具体教学目标，结合特定教学内容，在教学中采用故事教学的方式，创设真实可感的教学情景，采用生动有趣的活动形式，组织全体幼儿的操作活动，深受孩子们喜欢。

- 现场 1-1
  勇敢的小毛驴 / 008
- 现场 1-2
  飞翔的小鸟 / 011
- 现场 1-3
  小蝌蚪找妈妈 / 014
- 现场 1-4
  毛毛虫蜕变记 / 017

故事模式

第2章　图像模式：视觉呈现丰富幼儿的创作 / 021

　　图像模式是创造性地运用图像来开展教学的模式，就是以生动形象、多样化的视觉呈现来引导幼儿观察、丰富幼儿想象力、帮助幼儿创作的一种教学模式。图像模式的内容选择主要有：名画、绘本图片、真实照片、动画视频等。这些图像内容以图片或多媒体形式多样化的视觉呈现将教学内容形象、生动、鲜明地表现出来，丰富教学形式，使教学内容变得可视、可听、易观察、易感知、易体会，便于幼儿理解。

现场 2-1

小雨点旅行记 / 027

现场 2-2

可爱的长颈鹿 / 031

现场 2-3

群山环绕 / 034

现场 2-4

池塘里的小鸭子 / 037

图像模式

第3章　诗词模式：用韵律描绘画面的美感 / 041

　　诗词模式是一种以诗词为主题，诗配画、画赋诗，诗画融合的教学模式，包括中国古典诗词和童谣儿歌。诗词模式分为两种：一是"诗中有画"，概括地说就是运用诗词中的语言组织教学，二是"画中有诗"，就是儿童完成一幅画面后创编儿歌为自己的作品赋诗。运用儿童能够理解的诗词或童谣，将其中所描绘的情景贯穿于整个教学活动过程中，以富有节奏又简单易懂的语言展开教学活动。

现场 3 - 1

梅 / 047

现场 3 - 2

咏鹅 / 050

现场 3 - 3

风 / 053

现场 3 - 4

望 / 056

诗词模式

第 4 章　游戏模式：在玩耍中自由创作 / 059

美国心理学家布鲁纳说："最好的学习动力莫过于学生对所学知识有内在兴趣，而最能激发学生这种内在兴趣的莫过于游戏。"现代教育倡导寓教于乐。游戏模式就是以游戏为手段，组织、开展教学活动的一种形式。教师让幼儿通过愉快有趣的游戏，完成特定的教育教学任务，发展智力，陶冶情趣。

现场 4 - 1

好玩的哈哈镜 / 066

现场 4 - 2

热闹的花园 / 069

现场 4 - 3

牛奶变变变 / 072

现场 4 - 4

快乐捉迷藏 / 076

游戏模式

第 5 章　竞赛模式：有趣有规则的赛本领长知识 / 079

　　竞赛模式，概括地说就是采用比赛形式，激发幼儿的表达表现欲望，在活跃的氛围、动静交替的师生互动、生生互动中表达表现。有趣激情的竞赛感贯穿于整个教学活动过程中，有设计、有生成的竞赛规则也贯穿始终。作为一种教学策略与方法，它针对具体教学目标，结合特定教学内容，在教学中采用竞赛的方式，创设你追我赶的教学情景，采用生动有趣的活动形式，组织全体幼儿的操作活动，深受孩子们喜欢。

💡 现场 5-1

　　林中漫步 / 085

💡 现场 5-2

　　神奇的嘴巴 / 089

💡 现场 5-3

　　有趣的文房四宝 / 093

💡 现场 5-4

　　奇妙的冷暖色 / 097

竞赛模式

第 6 章　展示模式：用画作表征学习的奥秘 / 101

　　展示模式是以"展示"为手段，通过画作呈现的方式来激发幼儿的学习内驱力，鼓励幼儿想表现、爱表现、乐表现的一种教学方法。展示能够满足幼儿的表现欲，也是激发学习内驱力的最好手段。作品的呈现，是教师了解幼儿学习情况的直接途径，高效的学习离不开展示模式。通过展示活动，可以体现幼儿在学习过程中的思想、思路、方法。

💡 现场 6-1

　　奇妙幼儿个人绘画展 / 108

💡 现场 6-2

　　快乐"六一"绘画展 / 111

展示模式

💡 现场 6-3

　　小手牵大手,共筑大家庭 / 113

💡 现场 6-4

　　当彩墨遇到创意美术 / 116

第 7 章　生活模式：将身边熟悉的事与物融入学习中 / 121

　　生活是幼儿学习的内容与契机,是促进幼儿身心发展的关键经验和环节。教学走向生活,将身边的人、物、材料、情境等贯穿于整个教学活动过程中,以生活中常见的材料为绘画工具,以生活中的情景为绘画场景开展教学活动,熟悉的事物能激发幼儿对活动的兴趣,而兴趣和动机的激发在幼儿的学习中至关重要。因此,将生活融入学习是课程的必然选择和发展趋势。

💡 现场 7-1

　　可爱的小鸡 / 127

💡 现场 7-2

　　美丽的鱼 / 130

💡 现场 7-3

　　美味的枇杷 / 133

💡 现场 7-4

　　顽皮的七星瓢虫 / 137

生活模式

第 8 章　实作模式：给予儿童无限的发展空间 / 141

　　陈鹤琴先生说过：让孩子自己在做中学,在做的过程中去取得直接的经验,去获取新的知识。没有一个儿童是不好动的,也没有一个儿童是不喜欢自己做的。实作模式即以幼儿为主体组织实践操作的教学模式。在教学活动中推动幼儿解放头脑、发挥想象,让幼儿自己去体验、表现,将想象变为现实,激励创新思维,在"做"的过程中培养创造性思维。

💡 现场 8-1
可爱的小羊 / 148

💡 现场 8-2
春天的鸡 / 151

💡 现场 8-3
沙漠之舟骆驼 / 154

实作模式

第 9 章　场景模式:在特定场景中感受世界的美妙 / 157

场景模式概括地说是:在一定的时空内发生的任务行动或因人物关系所构成的具体生活画面,是由空间分布合理的背景和离散的物体构成的真实环境的连贯图像。场景模式是将教学环境设计在具体的场景下,让课堂变得直观具体、生动形象,激发了幼儿的学习兴趣,使幼儿主动地参与教学过程,加强了师生之间、生生之间的相互交流;让幼儿能够积极地学习;对内容的理解更全面、记忆更深刻。

💡 现场 9-1
我眼中的花 / 163

💡 现场 9-2
带着线条去旅行 / 166

💡 现场 9-3
新鲜菜菜 / 170

💡 现场 9-4
奇妙的小虾 / 173

场景模式

第 10 章　音乐模式：多感官体验艺术之美 / 177

　　音乐模式是通过音乐在美术教学活动中的使用，让美术与音乐相互交融、相互渗透，从而加深幼儿对于美术内容的体验、感受、认识，激发幼儿在美术活动中的想象力和创造力。在教学活动中，采用音乐模式，使听觉、视觉多感官同时体验，帮助幼儿加深对美术内容的理解，从而更好地达到美术教学的目的。

- 现场 10-1
  朝鲜族舞蹈 / 184
- 现场 10-2
  京剧脸谱 / 187
- 现场 10-3
  冬天的梅花 / 190
- 现场 10-4
  跳舞的圆点 / 193

音乐模式

后记 / 197

前　言

让学校课程实施活跃起来

近些年来,园本课程得到了学前教育界的高度关注。原因是园本课程是从幼儿园的实际出发,根据本园幼儿发展现状而设计的,它比国家课程、地方课程更加关注个体差异、因材施教,更加有效地促进幼儿的发展。中国香港学者 Lo Yin Chun 指出,园本课程与教师的自主性、专业发展紧密相连,能够提供教师参与课程研究的机会,激发教师的积极性,加强教师群体的互动和对话,促进教师的专业发展,同时有助于打破课程研究和课程实施之间的隔阂。

简而言之,园本课程的开发和实施,对幼儿的成长以及教师的专业发展均有重要意义。除此之外,园本课程对幼儿园整体课程的丰富、均衡和变革,乃至幼儿园的特色发展都有着不可估量的意义。

例如,彩墨画是我园的特色课程。它用色彩语言构成画面来塑造形象,有绚丽的色彩、张扬的画面,能极大地吸引幼儿的注意及兴趣。同时,作为我国的传统文化之一,彩墨画能够充分发挥其特有的墨、色等特点,让幼儿感受美、体验美、欣赏美,提升他们欣赏美、表现美的能力,使其充分想象、大胆创造,促进其全面发展。

目前,彩墨画活动已成为幼儿园较为关注的传统文化培养的一个方面,也成了艺术课程中的一项。但是,在实施彩墨画教学中,集体教学时间、空间上的不足、教学方式方法的偏差、孩子能力的个体差异、家庭相关经验的欠缺等,都大大地阻碍了幼儿的学习兴趣、情感体验和技能掌握。《3~6 岁儿童学习与发展指南》指出:要创造条件让幼儿接触多种艺术形式和作品;支持幼儿自发的艺术表现和创造。这就要求我们在彩墨画活动的组织形式上有所创新,要根据幼儿的年龄、心理特点,选择适合的模式展开实践;这就需要我们开发一套包括目标、内容、方法、评价等在内的较为系统的彩墨画课程。

一、彩墨画课程的理念

课程融入《3~6岁儿童学习与发展指南》(以下简称《指南》)新理念,更好地满足幼儿对艺术表现的需求,创造条件让幼儿接触多种艺术形式和作品,支持幼儿自发的艺术表现和创造。

(一)凝聚美好愿景

2009年,我们幼儿园开始对幼儿彩墨画教学着手实践与研究,本着"笔墨中融入爱和快乐,画面上彰显美和智慧"的课程理念,课程有着无比深刻的文化蕴含:

课程即美好情愫。这里凝聚了幼儿园对每一位幼儿深情的爱,旨在让他们拥有快乐、拥有智慧;这里也融入了为着孩子、为着未来的一种憧憬!

课程即生命美学。彩墨画作为一门艺术课程,它还眷注着生命美学,并将其完美地呈现出来。

课程即智慧生长。课程的实施过程关注幼儿的内在生长,"画面上彰显美和智慧"体现了课程诗意般的追求。

(二)聚焦每一个孩子

幼儿园很重视个别化学习活动的组织,因为在个别化学习活动中,教师可根据内容的需要,从幼儿的兴趣出发,提供为幼儿置身高效学习、获得最佳发展而精心设计的环境,它可以使不同发展水平的幼儿获得相应的发展。

以下是我园彩墨化课程的追求:

发现儿童。在个别化活动的组织与开展中,可以发现每一个孩子都是如此的不同,他们的欣赏、表现力是各不相同的。

识别兴趣。作为一门课程,首要关注的是幼儿的兴趣,他们的兴趣在哪里,课程就在哪里。因此,在个别化学习中,可以帮助老师关注每一个孩子,根据他们的热点、兴趣点组织开展活动。

回应需求。正因为每个孩子是不同的，所以在个别化活动中，可以提供适切的呈现方式来回应幼儿的需求，促进他们更好的发展。

设计环境。环境是幼儿学习不可缺少的一方面，在课程的实施过程中，教师根据幼儿的年龄特点，创设不同的环境以满足幼儿不同的需求，让幼儿在潜移默化中得到熏陶。可以说环境也是育人的重要部分。

总而言之，它能最大程度地激发幼儿学习的主动性，激发幼儿的自主性、积极能动性和创造性。同时，也有利于教师接触和观察每个幼儿，发现他们的优缺点以便因材施教。

围绕上述课程理念与追求，我们构建"彩墨飞舞，炫彩童年"彩墨画课程，在环境创设、家庭社区合作方面作了初步的尝试。同时，在课题组成员、全体教职工的努力下，我园在2011年被评为"上海市书法实验学校"。同时，我园组织了两次市级展示活动——2012年的"展书画、示创意、育情趣"及2013年的"激发正能量，彩墨炫星华"，获得了区教育局领导、上海市教育学会书法教育专业委员会、镇领导、各区书法实验学校领导的肯定。

我们也依据《上海市学前教育课程指南》，从课程目标、课程内容、组织实施以及课程评价四个方面作了初步规划。

二、彩墨画课程的目标

（一）理念融入课程目标

《指南》"艺术领域"指出，在大自然和社会文化生活中萌发幼儿对美的感受和体验，丰富其想象力和创造力，引导幼儿学会用心去感受和发现美，用自己的方式去表现和创造美。《指南》对于艺术目标的表述更多呈现的是幼儿的情感，如：喜欢、愿意、乐于、能够、经常等。

在《指南》这些理念的引领下，我们的认识达成一致：彩墨画艺术课程目标的重点在于关注幼儿的兴趣，以美的感受和欣赏、美的表现和创造为主线，引导幼儿通过彩墨画艺术活动，陶冶审美情趣。为此，我们根据幼儿年龄特点、身心发展特点，设置了三个年龄段的课程目标。

（二）目标引领课程实施

在教学实践中，我园根据幼儿的三个年龄段的特点分别设置了各有侧重的目标，开展各年龄段的不同研究。坚持两周定期开展一次实践研讨，每次都有明确的活动主题和计划。根据每次的活动主题，在教学实践后立马就付诸多角度的研讨。

关于活动目标的定位与目标概念的界定。在理念学习时，大家容易达成共识，认为"要理念先行，关注情感的体现"，但在具体实践中，与制定的教学目标不同，部分教师还是以彩墨画技能技巧为重点，关注幼儿在这些方面的表现与变化。

例如：大班《小蝌蚪找妈妈》的活动目标是"将摆笔与中锋组合，画出侧面的青蛙；体验帮助小蝌蚪找妈妈的快乐"。可以看出，老师将摆笔、中锋作为活动重点设计了整个活动；再看活动过程中，老师们一直强调"这是摆笔"、"要中锋一笔画出身体"……而"体验帮助小蝌蚪找妈妈的快乐"的情感目标则弱化了。

很显然，在制定目标时，教师都重点关注幼儿的情感体验、生命教育等，但在开展过程中却让技能技巧先行了。大家经过讨论，对活动目标的定位加以修改，将前一个目标调整为"尝试运用摆笔与中锋组合的方式表现侧面的青蛙"。在目标的制定上弱化技能，强化情感的体验，能更好的保护和激发幼儿的绘画兴趣。

经过几次"活动目标的定位与目标概念的界定"后，我们决定开展一个"大家来找茬"的游戏活动——在每一次实践研讨之前，先向每位课题组成员提供一份活动方案，让大家对其中的目标"找茬"，在实践研讨活动中广泛交流。课题组成员对比活动方案里的"目标"与课堂实践中的"目标"发表见解，并说出自己的理由与理论支撑点。这样，让个人智慧在集体交流中碰撞，让金点子在碰撞中凸显，从而给活动目标科学定位与概念界定。如今，"大家来找茬"已经成为一个完善活动目标的机制，受众乐意接受，找茬者愿意参与。

（三）实施推动育人实践

通过一次次活动实践与"大家来找茬"（活动目标的定位与目标概念的界定），我们对目标越发清晰,形成了以《指南》育人理念为核心的彩墨画艺术课程总目标及三维目标。课程总目标体现彩墨画活动的游戏性、情境性,体现个人、集体、小组等多元化活动方式,从审美、情感等方面体验乐趣,激发想象力和创作力、陶冶审美情趣等;课程三维目标在总目标的基础上,从"情感态度与价值观"、"过程与方法"、"知识与技能"三方面给予分解。

如:课程总目标以《指南》艺术领域的阐述为依据,以游戏、情境为主要载体开展彩墨画活动;以个人、集体、小组等多元化的活动方式调动幼儿积极参与彩墨活动,丰富视觉、审美经验,抒发情感,体验彩墨活动的乐趣,获得对彩墨活动的持久兴趣;了解彩墨画的基本表达表现方式和方法,激发想象力和创作力;在彩墨活动中理解、欣赏不同风格的彩墨作品,形成彩墨素养,陶冶审美情趣。

经过反复学习、反复实践与反复研讨,《指南》的育人目标越发清晰,三维目标也容易设置了,例如我们制定的三个年龄段活动目标中的4~5岁阶段目标中的三维目标,具体如下:

——情感态度与价值观:乐意和喜欢参加彩墨活动;乐意在各种不同的材料上尝试彩墨创作,能够感受彩墨画的不同美感;能够观察周围环境中各种彩墨元素,关注并感受其色彩美;愿意和周围的人交流彩墨相关内容。

——过程与方法:能初步欣赏并感受彩墨作品中的形象、色彩、构图美,尝试用语言、动作、表情等表达自己的理解和情感;能使用不同的毛笔,知道毛笔的基本分类。

——知识与技能:爱护彩墨工具,有良好的活动常规;学习简单的彩墨作画技法:中锋、侧锋、舔笔、蘸墨、调色、盖章落款等;能在画面上简单地布局,并根据自己的想象有创造性地表现简单的情节。

三、彩墨画课程的内容

在目标越发清晰的过程中,我们也察觉到以前那些"不尽如人意的地方"——集体教学时间和空间的不足、教学方式与教学方法的偏差、忽视幼儿的个体差异等,原因主要在于缺乏课程内容选择的一些原则,导致内容选择不当。

彩墨画艺术课程内容包括经典作品欣赏和绘画教育两方面,源于主题活动和孩子们的兴趣与热点。在集体教学活动和个别化学习活动的实践研讨活动中,要重点关注课程内容的选择,如:注重活动内容的情境性与有趣性,以此来激发幼儿参与彩墨画活动的积极性,鼓励他们乐于参与、主动参与;选择符合各年龄段幼儿当前发展水平的内容,让幼儿学会欣赏美,从而得以表现美;同时,还根据幼儿的当前兴趣及热点选择内容,让幼儿愿意表现,激发他们创作的兴趣;选择与幼儿生活有关联的内容,让幼儿乐于创作,积极主动地创作……由此,形成了彩墨课程内容的"三性一化"原则。

(一)课程适合儿童

适宜性,即课程必须关注幼儿的年龄特点。3～4岁幼儿已经产生了美术表现的愿望,但他们能表达的图形很少,所以,一形多义是这一阶段的主要特征。同时,他们也愿意尝试各种新材料,表达熟悉物体的粗略特征。

对于这个年龄段的幼儿,我们通过弹珠滚画的方式引导他们做玩色活动。材料有颜料、弹珠、带有洞洞的小勺、盛有宣纸的托盘等,幼儿将弹珠放在颜料中,用小勺将弹珠舀起后放进有纸的托盘内,然后双手握住托盘两边向各个方向晃动或转动,可更换不同颜料中的弹珠。反复操作后,一幅漂亮的线条图就呈现在面前了。

故事《爱吃水果的牛》有深刻的教育内涵,而对于小班幼儿来说,红红的、黄黄的苹果也是他们所喜欢、能够予以表现的内容。因此,可以通过棉球拓印的方法来引导幼儿的创作表现。可提供三原色颜料、墨汁、棉签、自制拓印球等材料。幼儿将海绵球蘸上颜料,用力按在纸上,然后用棉签蘸上黑色墨汁添画小梗变成苹果。在此基础上,还可以组合拓印成蝴蝶等。

4～5岁幼儿喜欢涂涂画画,有了初步的想象能力,并能用绘画等多种方式表现自己观察到或想象的事物。在秋天主题活动中设计"小瓢虫"活动,提供自制的树叶轮廓拓印材料、毛笔等,幼儿在纸上拓印出单片或多片重叠的树叶,然后用毛笔在"树叶"上画上小瓢虫。

(二)课程吸引儿童

趣味性强的课程可以激发幼儿的兴趣,兴趣是激发幼儿主动学习的重要前提。课程的价值在于激发儿童积极主动的参与意识。因此,我们通过设计有趣的活动来调动幼儿参与彩墨活动的兴趣。

我们通过《变戏法》的活动来保持3~4岁幼儿的玩色主动性:提供用白色蜡笔画好各种动植物等的纸张、各色颜料、滴管、毛笔等材料,幼儿可以用滴管吸入颜料后滴到白色纸张上,也可以用毛笔蘸上颜料后随意地在纸张上涂抹(可以随意更换不同颜色),当纸张上的颜色越来越多、丰富时,就会呈现出各种事物来。在这个过程中,纸张从白色到彩色、从空无一物到美丽动植物的变化极大地吸引了幼儿的兴趣。

在4~5岁幼儿课程内容中,我们通过让所要表现的内容变有趣来引起幼儿创作的欲望。在《小人国运动会》活动中,通过中锋笔锋的变动来表现小人国里人的不同的运动状态。幼儿的兴趣非常高昂,在他们的大胆表现下,热闹的运动场景跃然纸上。

(三)课程融入新颖

新颖性——源于素材自身的趣味。在3~4岁幼儿彩墨画课程内容中,有一个《快乐动物园》的活动。我们将废旧纸盒组合变成一个个动物造型,然后提供毛笔、颜料、墨汁等材料,让小班幼儿为"动物宝宝穿花衣"。幼儿通过涂鸦、多种笔锋的运用等充分表现,当一个个可爱的小动物在孩子们精心装扮下栩栩如生地呈现时,他们充满了成就感,也得到了快乐的体验。

5~6岁的幼儿,相对来说对于一些作画的技巧都有了一定的基础。于是,在大班的彩墨画课程中,我们通过湿画法的作画方法来帮助幼儿感受不同的彩墨作画技法。这一画法让大班幼儿对彩墨画有了进一步的理解:原来,我们可以用各种各样的方法来画画。

(四)课程源于生活

生活化——源于幼儿的实际生活。对于幼儿来说,他们的经验来自生活。因此,在彩墨画课程内容的选择上,我们也关注幼儿的生活经验。对幼儿最近的生活、热点话题等广泛设计,让我们的课程源于生活、为生活服务。

如:有一段时间下大雨,我们生活的小区积水较严重,给幼儿来园带来了不便。根据这一生活实际情况,我们结合故事《勇敢的小毛驴》的主要情节,经改编设计了彩墨画活动《勇敢的小毛驴》。在"尝试用中锋和按笔组合画出小毛驴的形象"的过程中，"初步培养幼儿遇事不怕困难，勇于尝试的情感"。这次活动源于幼儿的生活，最终也回归到幼儿的生活——不怕积水，坚持来园。

我们认为，在选择彩墨画活动的素材时，一定要最大化地激发幼儿的参与性，彩墨画活动课程方案要关注所选内容是否有趣、活动是否适宜幼儿的能力、幼儿当前是否有兴趣、幼儿是否有相关的生活经验。同时，活动过程中还要将技法与情境相融合，帮助幼儿更好地学习彩墨画，从而大大地促进彩墨画教学的有效性的实现。

有了以上四个原则，上述的一些问题得以解决了，无序变得有序了。我们课题组以"主题活动"与"兴趣与热点"为选材源头，经过实践形成了幼儿园彩墨画技能各年龄段的专项训练项目与内容及《3～6岁彩墨画活动方案》，包括个别化活动方案和集体教学活动方案（阶段目标及每月安排、教学方案）。

四、彩墨画课程的实施

在彩墨画课程的实施过程中，我们尝试开展各种模式的教学活动，经过实践、研讨、再实践，形成了以下包括故事模式、图像模式等在内的10个模式。

1. 故事模式

故事模式，是将故事情节贯穿于整个教学活动过程中，以活泼易懂的故事情节、鲜活生动的语言描述教学活动的一种策略或方法。

2. 图像模式

图像模式，就是创造性地运用图像来教学，用生动形象、多样化的视觉呈现强化幼儿观察、丰富幼儿想象力、帮助幼儿创作的一种教学模式。

3. 诗词模式

诗词模式，是一种以诗词为主题，诗配画、画赋诗，诗画融合的教学模式。运用儿童能够理解的诗词或童谣，将其中所描绘的情境贯穿于整个教学活动过程中，以富有节奏又简单易懂的语言观照教学活动的一种教学策略或方法。

4. 展示模式

展示模式，是以"展示"为手段，通过画作呈现的方式来激发幼儿的学习内驱力，鼓励幼儿想表现、爱表现、乐表现的一种教学方法。

5. 竞赛模式

竞赛模式，是采用比赛形式，激发幼儿的表达表现欲望，在活跃的氛围、动静交替的师生互动、生生互动中表达表现的一种教学方法。

6. 游戏模式

游戏模式就是以游戏为手段，组织、开展教学活动的一种形式，它让幼儿通过愉快有趣的游戏，完成特定的教育教学任务，发展智力，陶冶情趣。

7. 生活模式

生活模式，是让教学走向生活，将身边的人、物、材料、情境等贯穿于整个教学活动过程中，以生活中常见的材料为绘画工具，以生活中的情景为绘画场景组织教学活动的一种教学策略或方法。

8. 实作模式

实作模式，即以幼儿为主体开展实践操作的教学模式。在教学活动中推动幼儿解放头脑、发挥想象，让幼儿自己去体验、表现，将想象变为现实，激发创新思维，在"做中学"的过程中培养创造性思维。

9. 场景模式

场景模式，是将教学环境设计在具体的场景下，使课堂变得直观具体、生动形象，激发了幼儿的学习兴趣，使幼儿主动地参与教学过程，加强了师生之间、生生之间的相互交流；让幼儿能够积极地学习、对内容的理解更全面、记忆更深刻。

10. 音乐模式

音乐模式，是通过音乐在美术教学活动中的使用，让美术与音乐相互交融、相互渗透，从而加深幼儿对于美术内容的体验、感受、认识，激发幼儿在美术活动中的想象力和创作力。

当然，课程实施远不止上述 10 个模式，这就需要我们在课程实施的实践当中不断地去尝试、去研磨。

五、彩墨画课程的评估

课程评价是依据课程的实施可能性、有效性及其教育价值，作出价值判断的证据的收集与提供的过程。它包含两个方面，一是对教育过程的计划与组织的判断，二是对学生的学习成果的判断。由此，我们紧紧跟随《指南》，在其理念、操作要点的引领、指导下，开展了过程性评价和诊断性评价的实践。

（一）评估理念：让自由想象不受阻碍

幼儿彩墨画的课程创设，以什么评价为圭臬，曾经让我们困惑。再读《指南》，有这么一句话，"给幼儿的活动提供一段不受评价的时期，使其自由想象不受阻碍"，这让我们豁然开朗，我们可以不评价幼儿，那么，可以用"评估"来衡量我们这一门课程的质与量。评价是定性的，评估则更灵活，可以促进幼儿的积极性。

1."评估"关注及时性。为了保证每次活动的质量，我们通过研讨商量，制定落实1∶2∶1的彩墨集体教学活动时间分配表，用四分之一的充足的时间来保证彩墨活动、幼儿作品的评估，并采用师生互动、生生互动的方式让活动更有效。

2."评估"关注真实性。为了避免教师的评估语言一成不变，缺少具体的内容而显得太空洞，我们认为评估内容越真实丰富，幼儿就越能明白自己哪方面的表现受到肯定，就会自觉重复这一行为。在此基础上，我们制定了基本的评估模式，要求教师的评估一定要结合幼儿的作品，要有真实的具体的内容，如：画面的布局、色彩的运用、干湿的处理、落款的美观等。

3."评估"关注差异性。每个幼儿的个性、发展水平是具有差异性的。因此，教师的评估不能用统一的标准看待所有幼儿，而应在幼儿个体纵向发展的基础上给予评估。

4."评估"关注多样性。多样化的评估可以促进幼儿全面和谐发展，取得最佳的教育效果。因此，评估不只局限在教师的口头评估上，还与其他教育手段相结合，如生活访谈、家长沙龙、画廊作品展示、《"自说自画"彩墨作品集》、文化馆专题画展等，让幼儿可以据此发现自己的强项。

(二)评估方法:致力多元化发展

在构建了彩墨画特色课程框架后,我们积极尝试从《指南》的五大领域出发,相对应地从习惯养成、倾听表达、合作协商、事物认知、美感与表达五大方面制定彩墨画课程评估标准,突出全面发展。健康领域——关注习惯的养成;科学领域——关注对事物的认知;语言领域——关注倾听表达;社会领域——关注合作协商;艺术领域——关注美感与表达。

1. 教学评估。一是个别化观察记录表。我们围绕彩墨画活动目标根据五大领域的内容,分解并细化成一级、二级观察指标与要点,制定了小中大班观察评估表。从3个一级指标,16个二级指标,28个三级指标入手,让教师的观察更有目的性和操作性。二是活动评估表。活动评估表分为个别化活动和集体活动两项。个别化活动表从行为习惯、创作、表现表达三个板块上设置相对应的评估要点,集体活动表则从集体活动的角度设置相应的评估要点,教师根据幼儿活动情况分别以"☆"、"○"、"△"形式评估,最后作综合评估。教师则根据幼儿活动情况反思和调整自己的教学设计。

2. 过程性评估。我们关注幼儿的情绪表现,注重对幼儿成长足迹的积累。在彩墨画活动中,兼顾过程与结果,实施过程性评估。一是《"自说自画"彩墨作品集》。每位孩子在幼儿园三年中有三册《"自说自画"彩墨作品集》,记录孩子从进入小班的玩色开始,到中班的线条勾勒临摹,再到大班写生的作品,展现幼儿在彩墨画活动中的成长经历,一步一个脚印加以"记录",让幼儿的个性得以体现、能力得到发展,呈现出每位幼儿的纵向的发展历程。二是"个人彩墨画"主题展。开展每月一主题的幼儿彩墨画展活动,根据日常活动、季节、节日主题,或者景物展、动物展、植物展等,采取个人展或联展方式,在幼儿园大厅、走廊、楼梯旁的墙壁上展示幼儿的彩墨作品。

六、彩墨画课程的保障条件

皮亚杰认为:幼儿是在与环境的相互作用中发展起来的。只有创设良好的环境才能激发幼儿的自主活动,更大程度促进幼儿创造能力的发展。对大班幼儿来说,他们喜欢通过自己的活动体验成功的喜悦。彩墨区的活动恰恰能够满足幼儿的这一欲望。而彩墨区的材料相对于其他区域要多得多,幼儿可以利用各种物品来做操作活动,发展动手能力。

(一)关注个别化学习

实践中,要关注彩墨画个别化区域中以什么样的形式呈现,投放哪些材料,应注意操作中的哪些要点。同时,还要重在充分发挥教师对美的感受力及美的表现力,以不同的材料、呈现方式等来体现班级特色。

开展彩墨画个别化学习活动,从个别化学习的环境创设、材料提供等方面加以操作,要具有可行性。可根据各年龄段幼儿发展的情况,从不同的落脚点开展。

1. 以年龄为特点,创设具有情境性的个别化区域材料——以小班幼儿为例。小班绘画以玩色为主要形式,重在激发幼儿对色彩的兴趣,初步欣赏、感受和体验艺术美:以具有吸引力和趣味性的情节、情景吸引幼儿对彩墨游戏的兴趣,在认识材料、反复摆弄中积累感官的多种体验。

如:《变色鸟》活动让幼儿体验宣纸的晕染效果。投放材料:装有颜料的喷壶、不同材质纸张(宣纸、皱纸、打印纸、报纸等)的变色鸟轮廓。幼儿操作时选取不同的"变色鸟"加以玩色(以喷壶喷洒颜料的形式帮助变色鸟变色)。其间,教师需要用拟人化的情境指导语如"快来帮帮小鸟变色噢"对幼儿加以引导,让幼儿在玩的过程中感受宣纸能够晕染的这一特点。

2. 以操作规律为契机,创设主题背景下的个别化区域材料——以中班幼儿为例,教师应遵循其操作规律,让幼儿在材料操作中获得相应的发展。

同一主题不同内容。实施层次性策略的前提是了解幼儿。教师应该仔细观察,及时了解幼儿当前的兴趣和需要以及他们在游戏过程中遇到的困难,把握幼儿在认知水平、情感态度方面的个体差异,分析其最近发展区并据此设计区域活动材料。

如:《秋天来了》主题背景下有"秋天的树"、"小瓢虫"、"蔬果大拼盘"等内容。"秋天的树"主要是中锋和摆笔的组合,内容相对来说较简单,"小瓢虫"尝试用转笔的方法表现瓢虫,"蔬果大拼盘"则体现在中锋、侧锋和转笔都需要运用其不同来表现不同蔬果的形态。因此,从绘画内容的难易程度上也体现了不同的层次性。

同一内容不同技法。教师在指导幼儿绘画的方法时应注意与幼儿的发展水平相适应,既不能脱离幼儿的原有水平,也不能缺乏挑战性。即使是同一活动内容,教师也应考虑绘画方法的层次性,以适应不同发展水平的幼儿。

如:《金鱼的一家》让幼儿尝试运用中锋、摆笔组合表现金鱼全家福。这对中班上学期的部分幼儿来说有点难,因此,区域中可提供鱼爸爸、鱼妈妈和鱼宝宝三种不同的技法。第一条是以摆笔绘画金鱼身体和为尾巴点上眼睛;第二条中锋画身体、摆三笔画尾巴来表现金鱼点上眼睛;第三条中锋画身体和眼睛,侧锋画尾巴和鱼鳍。同样表现金鱼可以运用不同的三种技法,这三种技法可以适用于不同发展水平的幼儿。

3. 以个体差异为抓手,创设拓展性的个别化区域材料——以大班幼儿为例。随着幼儿年龄的增长,大班幼儿在小班、中班的基础上能够着手简单的作品创作,因此,简单的临摹并不能满足其发展需求。大班绘画以写生创作为主要形式,通过对物品的观察及写生,提升幼儿对美的感受、表现和创造力。因此,我园以个体差异为抓手,对拓展性的区域材料作深入探究。

如:自然角的写生。在"自然角"里,提供一些写生板、几套可携带的颜料工具和幼儿带来的一缸小鱼。在简单的介绍材料和示范半成品之后放手让幼儿去创作,他们在发现这些材料可以把自己眼中看到的漂亮画面呈现出来后便不再满足于此,可便携式移动的颜料工具诱发了幼儿的创造动机。还有什么东西可以有助于写生创作呢?

经过尝试,自然角成了他们的绘画天地,幼儿自主地搬着小椅子将彩墨画延伸到了户外。丰富合适的材料使幼儿饱满的创造欲望一触即发,自主选择绘画的对象和材料,有利于幼儿大胆开展富有创意的写生活动。在经验——材料——成品之间,思维在材料的刺激下,伴随着创作的冲动走向联想,并在经验的土壤里孕育出花朵,丰富变化的材料环境成为幼儿的创作乐园。

环境与幼儿发展是共存的,幼儿依赖环境发展,环境质量直接影响幼儿的成长,环境与幼儿成长密不可分。《指南》指出,应创设适合幼儿发展的支持性环境,环境的创设和材料的提供要符合幼儿的现有水平，同时又具有挑战性；让每个幼儿在与环境材料的有效互动中，大胆探索、充分表达，获得有益的经验。

教师作为幼儿学习活动的合作者、支持者，必须善于反思与观察问题，遵循幼儿不同年龄段的特点和操作规律，顺应个体差异，投入个别化环境的创设。

（二）重视环境创设

在幼儿园环境创设中，我们重视从小就培养幼儿对美的感受性。作为彩墨画特色幼儿园，我们尤其关注彩墨这一特色在幼儿园环境中的凸显，让各类作品在幼儿园大厅、楼梯、走廊、教室等地方散发它迷人的光彩，让幼儿在每个角落获得熏陶，从中去欣赏美、感受美，在体验美的基础上创造美。

我们认为，彩墨画是传统的、民族的。因此，在创设幼儿园彩墨画大环境时，我们关注环境的民族风格的体现——注重传统文化的系统性和全面性，让彩墨环境更好地融入幼儿园的整体。

1. 关注系统性，大环境体现民族风格。国画是中国特有的、是民族的，彩墨画是一种更适合幼儿表现的方式，它也是民族的。因此，在幼儿园硬环境创设中我们关注的是民族风格的体现。如：大厅、国画专用室、教室、入园洗手池的改建等，充分融入民族元素，让幼儿在潜移默化中得到民族文化的感染和熏陶。

2. 关注全面性，软环境呈现互动轨迹。我们所创设的环境，不仅仅是给人看的，更是幼儿成长轨迹的一个过程的呈现。因此，在幼儿园软环境创设的过程中，我们关注的是幼儿学习彩墨画过程中的成长经历，这个呈现的过程，正是我们所注重的彩墨画环境的全面性的体现。

走廊环境创设注重主题性、情境性和趣味性：根据孩子的不同年龄段，老师创设不同主题的情境。如：中班走廊主题为《在秋天里》，根据小站点的内容设计了——瓢虫世界，配以木片、纸盘、KT板、棉花等材料作情景创设，再利用染色宣纸制作立体树叶让孩子展开绘画创作，在这一情景中孩子的绘画兴趣成倍提升。小班的走廊更注重亲子创意，让家长参与到环境的布置中；大班以幼儿之间的合作为重点，更多的是让幼儿自己设计想象。

（三）联动家庭和社区

2016版《幼儿园工作规程》指出：幼儿园应当主动与幼儿家庭沟通合作，为家长提供科学育儿宣传指导，帮助家长创设良好的家庭教育环境，共同担负教育幼儿的任务。因此，我们采取多元化的家园共育来促进彩墨画空间的拓展。

1. 开展家长对彩墨画认识的现状调查。为了了解家长对幼儿的彩墨画活动的想法，我们在全园家长范围内开展了问卷调查。我们向全体家长发放调查问卷293份，收回有效问卷293份。调查对象包含小班家长112人，中班家长96人，大班家长85人。

问卷设置。调查表从四大板块设计：家长对彩墨画活动的了解、支持度；家长基本情况；家长在孩子兴趣方面的做法；家长对彩墨画活动的建议。通过单选题、多选题和开放题三个类型的题目逐个调查，并通过家长基本情况的填写获得家长性别、年龄、学历、职业等相关信息，从中帮助我们有效梳理家长个人情况与对彩墨画认识之间的关系。

家长反馈。我们从家长的反馈来看，家长是了解并支持彩墨画活动的，他们也表示愿意参与。而且，他们作为幼儿园的一分子，还对活动提出了建设性的意见、美好的祝福。我们在家长调查活动的过程中还积累了一些经验：在制定家长问卷表时，要关注到家长的支持度与幼儿彩墨画的学习两者之间的关系，支持度与影响在哪里，家长参与评价是否对孩子学习彩墨画有重要作用。

2. 幼儿园彩墨画艺术课程多元化的家园共育形式。在坚持彩墨画家园共育的实践中，我们成立了"水墨丹青"家长书画沙龙，面向全体家长招募成员，通过海报宣传招募了对彩墨感兴趣、有想法的家长。

从解决问题出发，有效开展家长沙龙活动。在家长沙龙开办初期，我们向沙龙成员发放"活动征询单"，让家长对我们的沙龙活动提出自己的想法或有困惑的地方。经过统计，发现家长的疑惑主要集中在两方面：没有学过彩墨画，没有基础怎么办？在家怎样和孩子一起学画画？于是，我们对家长参与活动的组织形式、活动内容等作了新的尝试。在课题组和沙龙成员的讨论中，达成一致意见：通过开展家长沙龙、家长论坛、亲子画展、家长义工等家园共育活动，提升家长对彩墨画的认识，提高其参与幼儿彩墨画活动的有效性。

零起点共学。对没有基础的家长予以国画入门基础性指导，其中包括：介绍国画用具：笔墨纸砚；欣赏国画大家齐白石、张大千、陆俨少等的作品；专职教师培训家长临摹作画。在了解家长的已有水平的基础上，确定家长可学的内容。零起点共学让更多的家长轻松地走进彩墨、学习彩墨画。

百分百反馈。通过沙龙活动，组织家长共同商讨最终制定最适合大家的活动方案。为让家长放宽心、大胆说出自己真实的想法，在每次沙龙活动后下发活动反馈表，让沙龙成员有效、真实地反映问题，让这些真问题、好建议促进沙龙活动更好的开展，取得更好的效果。

菜单式学习。还要关注家长的特长、兴趣。如：有的对裱画很有兴趣、有的对书法篆刻有心得、有的想学日常彩墨课程内容（可以回家和孩子一起画画）、还有的想了解一些国画知识，等等。可以通过菜单式的搭配活动让每位家长受益，从而满足彩墨画学习的共性内容和个性内容，让每位家长都能得到益处。

以提供平台为途径，有效呈现亲子彩墨痕迹。实践中，我们也在思考：通过怎样的方式让家长、幼儿体验成功的快乐，呈现他们参与彩墨活动的成长历程。经过课题组、家长沙龙的讨论、实践，我们觉得只有将自己的作品公诸展示才能有成就感，可以通过展示作品来让家长、幼儿也更好地感受到成就感。

于是，我们在实践中尝试开展不同的画展来呈现幼儿、家长的彩墨作品。经过多方的努力，我们以秦古美术馆、镇文广站、嘉怡社区等社区资源以及幼儿园为展馆，开展了一系列的画展来展示幼儿、家长、亲子共创的作品。在展出阶段，分批组织家长观赏，这些活动得到了家长的肯定、幼儿的欢迎，而我们也收获了很多的惊喜！

亲子布展有乐趣。首先，沙龙成员通过参与在本园走廊内的幼儿个人画展布展，让家长裱画、装饰，参与互动感受布置作品的乐趣。另外，通过家长寄语的开篇形式，助推亲子互动，让孩子和家长能够双向沟通，获得成功感和自信。

自说自画共交流。"自说自画"这个方法在我园开展后获得一定认同和推广，并运用实践到画展布置、日常教学等方面,"自说自画"即幼儿通过自己介绍自己的作品,让他人能够直观了解作画者的创作思路,这种方式也为提升幼儿绘画兴趣和提升表现力提供帮助。

家长沟通亲无间。研究与实践证明,家庭具有直接或间接影响儿童学习与成长的多种决定性因素,亲子互动对年幼儿童的认知、语言、情感、行为、态度、社会交往和人格等许多方面的发展及其终身成长都会产生深刻而长远的影响。因此,家长不仅仅是孩子的第一任老师,更是孩子学习生活中的权威、榜样、伙伴、向导。

家长书画沙龙的形式,建立了幼儿、家长、教师亲密无间关系的纽带,对幼儿学习彩墨画和家长共建的自主发展起了推动作用。

总之,幼儿在彩墨画活动中,参与活动的持久性更长了,想象力、创造力、表现力都得到了很大的发展,特别是在欣赏、感受、表现的过程中,他们的彩墨基本素养得以养成、审美情趣得以陶冶。

幼儿的表达更自信了!幼儿通过"自说自画"表达彩墨画作品的含义及自己的想法。幼儿根据自己的作品说一个小故事并用智能笔进行录音(或成人记录)来留下自己的作画体验与感受——一两句连贯的话(小班)、简单的情节(中班)、小故事及感受(大班)。通过彩墨画活动,幼儿参与彩墨的兴趣更高了,他们能根据自己的画面向同伴绘声绘色讲述一个小故事,有时还能加上自己的表情与动作表现自己的作品,幼儿的自信大大增加了,语言表达能力大大提高了。

幼儿的创作更大胆了!在每次的幼儿"个人彩墨画"主题展活动中,幼儿园大厅、走廊、楼梯旁墙壁成了幼儿展示自己成果的舞台。小画家们自信满满地向同伴、家长介绍自己的作品,画展成了幼儿步入彩墨艺术殿堂的新阶梯!在主题画展这片"试验田"中,犹如"小荷才露尖尖角",幼儿的彩墨画创作欲望更强了,同时彩墨画创作也更自信、大胆了。

办园的果实更丰盛了!幼儿参加市、区级的各项比赛,获得了可喜的成绩:在区连续几届的"小青蛙讲故事"、"看图编故事"比赛中,多位幼儿分获一、二、三等奖;在"南苑杯"上海市中小幼师生书画展评学生组绘画中获得两个三等奖;两位幼儿彩墨作品参展中华艺术宫；二十多幅作品在"童话·童画　中国梦"2015青少年优秀艺术作品展中展出；在"彩虹行动计划"、"成长的足迹"、第十七届中小学生绘画书法作品比赛、市学生绘画书法作品展、"亲子嘉年华"儿童创意绘画大赛、区第30届青少年科技创新大赛科幻画、第五至第七届"封浜杯"上海市书法教育实验学校师生书画展评等比赛中多人次喜获一、二、三等奖及优秀奖。

　　作为"上海市书法实验学校"，幼儿园以"传承民族文化，弘扬民族精神"为宗旨，以"传承教化之风，镕铸品质教育"理念为引领，秉承"用心教育，用爱养育"办园理念，提出"笔墨中融入爱和快乐，画面上彰显美和智慧"的彩墨画教学理念，在《幼儿园彩墨画艺术课程开发的实践探索》课题实践中探索出幼儿彩墨画教学新举措，形成了幼儿园园本教材。

　　近几年，幼儿园获"南翔杯"创情速写优秀组织奖；连续几届获"封浜杯"书画展评优秀组织奖；"幼儿彩墨画"项目获"青少年民族文化优秀传承项目"；彩墨组获嘉定区"工人先锋号"奖牌；"纯真孩童心　缤纷彩墨画"在上海电视台新闻综合频道《上海摩天轮》播出；"笔墨中融入爱和快乐"在"看看新闻网"、"上海电视台《健身时代》栏目"、IPTV300频道全国同步播出；《构建彩墨画教学新模式"让幼儿与传统彩墨艺术'零距离'接触"》、《营造"墨香"校园文化　点燃幼儿艺术火花——嘉定区星华幼儿园举办第四届校园文化艺术节暨彩墨画现场展示会》在《东方城乡报》宣传刊登；"让幼儿彩墨画教育赋予孩子彩色的童年"在《语言文字报》刊登；彩墨画特色活动在上海电视台、《东方城乡报》被先后报道，得到了家长、社区、专业委员会、上级主管部门等的认可，在一定区域内赢得了良好的声誉！

姚丽萍

上海市嘉定区星华幼儿园园长

2018年5月1日

第 1 章　故事模式：用形象展现学习的魅力

故事模式,概括地说就是将故事情节贯穿于整个教学活动过程中,以活泼易懂的故事情节、鲜活生动的语言描述开展教学活动的一种策略或方法。作为一种教学策略与方法,它针对具体教学目标,结合特定教学内容,在教学中采用故事教学的方式,创设真实可感的教学情景,采用生动有趣的活动形式,组织全体幼儿的操作活动,深受孩子们喜欢。

现场 1-1
勇敢的小毛驴
现场 1-2
飞翔的小鸟
现场 1-3
小蝌蚪找妈妈
现场 1-4
毛毛虫蜕变记

一、故事和游戏一样是童年不可缺少的

故事中生动的情节、丰富的情感很能吸引幼儿进入学习情境,也符合幼儿以形象思维为主的心理特点。故事能激发幼儿对活动的兴趣,而兴趣和动机的激发在幼儿的学习中至关重要。因为,幼儿的学习在很大程度上就是由兴趣、好奇心所诱发的。故事凭其形象生动的情节吸引儿童,因此,只要是适合幼儿的故事,他们就会兴趣盎然、聚精会神地去听。

苏霍姆林斯基曾指出,童话和游戏一样是童年不可缺少的。故事是童年的养料。心理学研究认为,兴趣是儿童最好的老师,是产生学习行为内部动机的强大动力,"故事教学法"的核心就是激发幼儿的兴趣和动机。

1. 故事是开启儿童智慧大门的钥匙

听故事是幼儿与生俱来的喜好,它在幼儿的成长过程中起着举足轻重的作用:可以丰富幼儿的知识,同时提升幼儿的思维能力和想象能力,让他们的思维更加细微准确,想象更加丰富多彩。通过故事,能稳定幼儿的情绪、促进幼儿语言的发展,同时,也可以对幼儿实施品德教育。因此,故事教学模式特别适合幼儿园的教学。儿童故事是开启儿童智慧大门的一把钥匙。

2. 故事是引导儿童异想天开的契机

在美术活动中,故事的创新运用就在于它能够提高幼儿创作表现的技巧(包括构图、线条、上色等),同时还能帮助幼儿丰富画面。

在彩墨画教学的故事模式活动中,教师将所要完成的目标通过相关的简明短小的故事来吸引幼儿的注意力,激发他们的学习兴趣,最终让幼儿很自然、有效地达成目标。

在彩墨画教学中,通过故事的情境性语言,大大激发幼儿学习的积极性,同时也让彩墨技能更易于幼儿接受和掌握。这种方法具有童趣,寓教于乐,是幼儿所乐于接受的。

二、把故事巧妙地融入学习过程

故事是幼儿认识世界的门户,它的魅力是无穷大的,它通过有趣的情节、情境化的语言来帮助幼儿进入故事中,并在有趣的欣赏过程中更快、更有效地达成目标。从实践操作角度看,故事模式主要有故事情节、故事点拨、作品创作和自说自画等四个环节。

1. 故事情节阐述学习内容

根据彩墨画活动的目标,选择恰当的故事(教师创编或选择的经典故事)设计教学活动。

如:在中班彩墨活动《七星瓢虫》中运用故事《森林医生小瓢虫》中的"七星瓢虫帮树妈妈治病"这一故事情节来展开。

主要是引导幼儿尝试运用图形与线条的组合方法表现瓢虫,在帮助树妈妈治病的过程中感受帮助他人的快乐。而故事《森林医生小瓢虫》所要表达的正是帮助幼儿了解七星瓢虫的外形特征及作用,同时也隐含了"助人为乐"这样一种情感。所以,教师选择了这个故事。在活动过程中,"七星瓢虫帮助树妈妈"这一故事情境贯穿始终,幼儿就在帮助树妈妈捉虫的情境中掌握用毛笔表现七星瓢虫的方法。在这个过程中,助人为乐的情感也得到了感受和体验。

2. 故事点拨提升学习技能

将故事和彩墨技能相融合,用故事中的情境、语言将彩墨技能变得形象化、具体化,帮助幼儿潜移默化地掌握相应的技能。

如:教师通过邀请七星瓢虫来融入画七星瓢虫的技法,而后,又在七星瓢虫为树妈妈捉害虫的故事情节中表现它的形态。用边讲故事边作画的形式示范作画步骤以及图形与线条组合、浓破淡的技法,巧妙地将教师的示范融入在故事中,幼儿很自然地掌握了七星瓢虫的表现手法。

技法融入故事中教师的情境性指导语:左边翅膀伸出来,右边翅膀伸出来——中锋运笔画出瓢虫的身体;探出半圆小脑袋——中锋按笔画出瓢虫的头;弯弯触角细又细,睁大眼睛找害虫——中锋运笔表现触角和眼睛;快快爬、快快爬,小手向前伸、小腿往后蹬——中锋画腿,强调前、后腿的造型变化;1、2、3、4、5、6、7,七星瓢虫来帮忙——中锋画一条竖线分左右翅膀,画出瓢虫的七个斑点……

3. 作品创作呈现故事情境

让幼儿在故事情境、语言的引导下大胆创作,呈现作品,表达自己的创意。

如:教师在活动中,问幼儿:"你喜欢这只小瓢虫吗?喜欢它的什么?请你画一只爱帮助人的七星瓢虫。"

幼儿作画时,教师用故事语言再次引导,帮助完成作品:快点快点,左边翅膀伸出来,右边翅膀在哪里;探出半圆的小脑袋;弯弯的触角细又细,长长长;睁大眼睛找找找,找到害虫消灭它;快快爬、快快爬,小手向前伸、小腿往后蹬,别让害虫逃走了……

4. 自说自画再创故事情节

引导幼儿根据自己创作的作品充分想象,用一句话或一个小故事表述(对不同年龄段的幼儿有不同的要求,如:小班一句话、中班一段话、大班一个小故事)。

如:请我们这些好心的七星瓢虫都到上面来吧!我来采访一下,你这只七星瓢虫是怎么帮助树妈妈的?

总之,在故事模式教学活动中,教师要根据活动内容选择适宜的故事,同时要结合主题,将目标及重难点分解到整个故事中去,让幼儿身临其境般融入故事情境中,在故事情境化、语言化的暗示、引导中获得经验的积累。

三、用故事牢牢抓住孩子的心

这里以《爱吃水果的牛》为例,进一步阐述故事模式如何开展,如何用故事牢牢抓住孩子的心。

秋季,正是大丰收的季节,在这样的季节大环境下,各种水果蔬菜都成熟了,甜甜的水果正是幼儿都喜爱的。《爱吃水果的牛》是个有趣的小故事,于是,结合当前的季节及幼儿的兴趣,老师设计了画苹果和橘子的彩墨活动,利用这个有趣的故事情节,引导幼儿初步运用以侧锋分三笔的方法表现苹果和橘子;同时,帮助幼儿了解多吃水果、多喝牛奶都能使人们健康。

活动共四个环节:第一环节为配故事,设疑问,引兴趣;第二环节为重点环节,点故事,理技能,出方法;第三环节为幼儿实践操作环节,画故事,现作品,得创意;第四环节为欣赏想象环节,编故事,说想象,有感悟。幼儿将自己的作品布置在背景板上,在大胆表述苹果和橘子的滋味中巩固作画的技巧。

1. 配故事,设疑问,引兴趣——配《爱吃水果的牛》的有趣故事。

在活动过程中,教师充分借助了《爱吃水果的牛》这一故事情节,同时,巧妙地将牛吃水果的过程变成教师示范表现苹果和橘子的特征的过程,以牛吃到的水果的描述绘画出苹果和橘子的外形特征。教师为活动的主题"绘画苹果和橘子"找到了幼儿感兴趣的故事内容。

在导入环节时辨别好水果,教师提问:牛吃了什么水果?(出示苹果,引导观察)牛把自己身上的奶做成苹果牛奶,喂给生病的主人吃。主人喝了之后,感冒马上就好了。于是,主人带着爱吃苹果的牛去挑选新鲜的苹果,准备给村里的人喝水果牛奶。

接着,随着牛跟主人去寻找这些水果的情节中,引导幼儿辨别水果是否新鲜(看见新鲜的水果就叫"哞",不新鲜的就用鼻子呼气和摇头)。

2. 点故事,理技能,出方法——通过故事中的情境对苹果橘子的外形特征及作画关键点(新鲜与否)作分步骤表现。

首先,在故事中让幼儿观察两个苹果(化开了,烂掉了),从中了解"颜色均匀、有光泽的苹果是好吃的苹果",为后续的画苹果作好了铺垫。然后在第二环节的"寻找新鲜的水果"中,教师通过故事来引导幼儿进入故事、进入活动。

"我们一起来帮助主人和牛一起去寻找新鲜的水果吧"！教师非常巧妙地将画水果的步骤、技能融入故事的情境中:

左边一个半圆,右边一个半圆(侧锋两个半圆画出圆圆的苹果);中间白的太多了,苹果烂掉了(毛笔从上往下侧锋刷一笔);苹果不能太大,也不能太小,跟我们的拳头差不多大;短短的柄有没有断掉(用浓墨中锋添上苹果的柄)。

3. 画故事,现作品,得创意——幼儿作品创作,进一步巩固作画内容。

教师用"牛的胃口很大,要吃很多水果"的情境引导幼儿画苹果和橘子,幼儿在故事的情节中表现水果。

如:主人想邀请大家来为牛挑选最新鲜的水果,我们一起帮忙挑水果去。谁愿意帮助他们呢？(个别幼儿添画)一只苹果远远不够,你们能帮助他们找到新鲜的水果吗？

如:大家都顺利地帮助主人和牛找到了新鲜的水果,牛喜欢吃这样的水果,真好！

4. 编故事,说想象,有感悟——通过自说自画,大胆表述作品。

在找到水果后,教师引导幼儿对画面自说自画。

如:哪些苹果橘子是新鲜的,哪些不新鲜,为什么？

然后,教师继续讲故事:牛吃了这些新鲜的水果,做成新鲜的水果牛奶送给村里生病的人们吃。马上,他们的病都好了。主人说,我们以后要多吃水果、多喝牛奶,让我们都健健康康!

总而言之,在"寻找新鲜的水果"的过程中,通过形象生动的故事情节、语言,幼儿很好地把握了新鲜的苹果橘子的特征并得以大胆的表现,充分体现了故事模式之用形象展现学习魅力的这一创造性的运用。

温馨提示

1. 在选择素材时,要根据彩墨画本身简练、概括的特点,挑选幼儿具有丰富经验的、具有浓厚兴趣的教学素材。还需要结合幼儿的已有经验、当前的热点来选择相应的故事。

2. 在使用故事时要关注彩墨和故事的融合,可根据活动的需要对故事作删减或改编。

3. 用故事传达创作方法时,教师的语言既要符合故事情节又要富有童趣,才能吸引幼儿的注意力。

4. 活动中,要引导幼儿一起用故事中的语言来强化彩墨表现方法的融合。

(撰稿者:张幼萍)

1-1 现场

勇敢的小毛驴

对于中班幼儿来说,合适的彩墨画的内容选择能较好地激发他们的兴趣。在对幼儿彩墨画学习的观察中发现,幼儿对于动物的兴趣最大,和小动物有关的活动都能很好地引起他们的兴趣。可见,兴趣是活动的起点,只有在幼儿感兴趣的前提下,他们才能投入整个活动中去。而中班幼儿对于中锋的笔锋有一定的掌握,在巩固中锋画法的同时,可以尝试按笔和中锋的组合这一彩墨画表现技巧。

基于以上两点,教师设计了"勇敢的小毛驴"这一活动。在表现小毛驴的技法中,教师运用了中锋与按笔的结合。同时,整个动物形象上,大部分都是按笔的新技能。另外,教师运用了自制绘本图书,让幼儿在看看说说画画中感受彩墨画的乐趣。设计活动时,教师通过"帮助小毛驴过河"的情境来融入画小毛驴的技法,而后,又在小毛驴过河的故事情节中表现小毛驴的形态。用边讲故事边作画的形式示范作画步骤及按笔的技能,巧妙地将教师的示范融入故事中。由此,幼儿很自然地掌握了小毛驴的表现手法。同时,在"勇敢的小毛驴"故事中,教师从头至尾一直在强调"只要相信自己,就能变勇敢,渡过难关",让幼儿得到了"不怕困难、勇于尝试"的情感体验。

本次活动适宜在中班下学期安排,活动的目标是:尝试用中锋和按笔组合画出小毛驴的形象,初步培养幼儿遇事不怕困难,勇于尝试的情感。活动的重难点在于尝试用中锋和按笔组合画出小毛驴的形象。整个活动过程分四个环节。

一、配故事，设疑问，引兴趣——一只小毛驴

1. 听，这是谁的脚步声？

师：原来是一只小毛驴，和它打个招呼吧！

2. 观察特征：这只小毛驴长得怎么样？

教师小结：它有圆圆的脑袋，长耳朵，椭圆的身子，四条腿，还有一条小尾巴。今天老师就来讲一个小毛驴的故事。

二、点故事，理技能，出方法——小毛驴过河

1. 这几天下了一场大雨，我们小区好多地方都被水淹没了，再看看小毛驴的家门口，发生了什么事？河水都涨起来了，小毛驴想过河，可是看了看河水，它怎么了？

教师小结：小毛驴看到这么深的河水，害怕得都不敢过河。

2. 你们有什么话想对小毛驴说吗？

——幼儿根据故事情节自由表述

教师小结：听到你们的鼓励，小毛驴好像不那么害怕，它决定勇敢地试一试。

3. 故事情境示范作画步骤：

1) 小毛驴圆圆的脑袋伸出来。（毛笔中锋竖起来，用力一按画个圆）

2) 它还用它大大的眼睛看了看河水（尖尖的毛笔点一下），小眼睛看了看河水，还好还好。

3) 它决定勇敢地再用嘴巴碰一碰河水。（尖尖的毛笔画个小山洞，点上小鼻子）

师：小毛驴的嘴巴是什么样的？（强调像个小山洞，用细细的毛笔画出来）

4）水一点也不冷，小毛驴变得更勇敢了，它竖起尖尖的耳朵，伸长了脖子，做好了过河的准备。

师：要注意噢！小毛驴竖起的耳朵上面是尖尖的，所以，我们尖尖的毛笔头要朝上面。

5）最后挺起身体，抖抖毛，刷刷刷，准备下水咯！

6）你们给点加油声呀！小毛驴鼓足勇气，勇敢地迈出了一条腿。噢！其实河水一点也不可怕，只要我相信自己，就一定能过河。

7）小毛驴有四条腿，都要到河里去才能过河，还有三条腿，谁来试一试？

师：小毛驴的腿要稍微粗一点哦，这样才能在水里站得稳，怎么画出粗粗的腿？

师：小毛驴进到了水里，发现过河一点也不可怕，它甚至还弯下了脖子，和水里的小鱼打招呼，转过头和天上的小鸟打招呼，大家都叫它一只勇敢的小毛驴。

教师小结：小毛驴想，原来过河一点都不可怕，只要相信自己，就一定能变得勇敢。

三、画故事，现作品，得创意——我的小毛驴最勇敢

1. 你喜欢这只小毛驴吗？你喜欢这只小毛驴的什么？

——幼儿自由表述

2. 请你也来画一只最勇敢的小毛驴吧！

四、编故事，说想象，有感悟——勇敢的小毛驴

1. 请这些勇敢的小毛驴都到勇敢榜上面来吧！

2. 我来采访下，你这只勇敢的小毛驴是怎么过河的？

——幼儿根据自己的画面大胆表达

3. 小毛驴遇到困难的时候，它相信了自己，变成了一只勇敢的小毛驴，那我们小朋友在遇到困难的时候要怎么办？

教师小结：原来，遇到困难不要怕，只要相信自己就能变勇敢，渡过难关。

（撰稿者：张幼萍）

现　场　1-2

飞翔的小鸟

"动物"是个大主题，适合在每个年龄段开展活动。而中班"在动物园里"主题活动的重点是让幼儿能观察了解动物的外形，关注它们不同的习性，以及表达对动物的喜爱。所以，教师在选择和设计相关活动时，把握好各年龄段幼儿的年龄特点和兴趣很重要。

主题活动开展进程中，在开展了一次"说鸟"的活动后，各种小鸟的颜色、外形更成为幼儿日常聊天的内容，他们会进入班级图书角，翻阅各种关于鸟类的书籍，从中获取、积累相关的经验。所以，"我认识的小鸟"已经成为幼儿当前的谈话热点。而在他们的已有经验中，对于用彩墨画的形式表现春天的各种景色，已经能够熟练掌握了，并且在谈话中也已经有幼儿说到"我要请小鸟飞到我的花园里来"的话题。可见，部分幼儿已经有了想要去丰富作品画面的想法。

《3～6岁儿童学习与发展指南》指出,要尊重幼儿自发的表现和创造,并给予适当的指导。也就是说,教师在设计活动时要充分满足幼儿的兴趣点。而幼儿对于小鸟的喜爱,也激发出了他们想用画纸表现的欲望。于是,教师就通过本次活动的设计,让幼儿愿意表现和会表现,让他们成为感受、发现、创造、表现的主体。

本次活动适宜在中班下学期开展,活动的目标是:初步运用侧锋画飞翔的小鸟,让幼儿在自主表达、创作的过程中,体验作画的乐趣。活动的重、难点在于初步运用侧锋表现小鸟飞翔的形态。基于幼儿的年龄发展特点,建议:在幼儿生活中已经观察过小鸟的外形特征,并有过中锋、摆笔经验的基础上安排活动。整个活动过程分四个环节。

一、配故事,设疑问,引兴趣——鸟宝宝出生了

1. 树林里的鸟妈妈生了一窝蛋宝宝。妈妈每天都细心地照顾它们,它真想早点看见它的宝宝。(ppt1)

关键提问:你们觉得这些小鸟宝宝会长得怎么样?

——幼儿自由回答

教师小结:原来小鸟有圆圆的脑袋、大大的眼睛、黄黄的羽毛,还有美丽的翅膀。

2. 时间一天天过去了,"咚咚咚,咚咚咚",小鸟宝宝们终于破壳而出了。它们看着爸爸妈妈在天空中飞来飞去,可羡慕了。

小鸟哥哥问:妈妈,你是怎么飞的呢?飞到天上,会遇到些什么呢?(ppt2)

二、点故事,理技能,出方法——小鸟学飞翔

1. 妈妈说:想要飞,首先就要抬起脑袋。(教师摆笔画鸟的头顶)

2. 挺直了背,神气地面向天空,给自己信心,相信自己一定能飞。(摆笔画身体)

3. 接下来是最最重要的一步,张开你的翅膀,记得一定要用力。最后往上翘得高高的,翅膀先用力再翘起来。(侧锋画翅膀,鼓励幼儿画得大大的)

关键提问:毛笔怎么样才能让小鸟的翅膀张得大大的?

——个别幼儿尝试

教师小结:原来,需要将毛笔躺下来,用力张开翘起来,翅膀才能张得宽宽大大的,小鸟才能飞得更高。

4. 接下来,张开你的尾巴,深吸一口气。(摆笔画尾巴,强调张开的形状)

5. 最后,眼睛正视前方,大胆往前跨一步,就能自由地飞翔了。(换笔,中锋画眼睛)

三、画故事,现作品,得创意——我们也来飞

1. 小鸟哥哥的鸟弟弟和鸟妹妹们也想飞上天,谁愿意来为它们添上张得大大、宽宽的翅膀?

——个别幼儿添画

2. 小鸟们有的手拉手围成圈,有的一前一后排着队,也开始了它们在天空中的旅行。(ppt4)

——幼儿操作(教师出示不同的画面组合)

四、编故事,说想象,有感悟——小鸟的旅行

1. 教师:这里有许许多多美丽的地方,你想让你的小鸟飞到哪里?

——幼儿自由表述

2. 教师：谁来说说，你的小鸟飞到了哪里？它在高高的天空中看到了什么？

——幼儿自由表达

（撰稿者：张幼萍）

1-3 现 场

小蝌蚪找妈妈

春天，正是春暖花开的时节，在这样的季节大环境下，各种动植物都欣欣向荣。而"动物大世界"主题活动也正在热闹的开展中，其小站点"不同的家园"的开展帮助幼儿了解到了动物不同的生活方式。

在主题活动开展的过程中，幼儿带来了小蝌蚪养在植物角中，他们会在自由活动时自主地去关注小蝌蚪：小蝌蚪长出尾巴了、小蝌蚪的尾巴变长了……小蝌蚪的变化吸引着幼儿。可见，小蝌蚪是幼儿近期最感兴趣的事物。于是，结合幼儿的兴趣及现有的彩墨画经验，教师就设计了以故事"小蝌蚪找妈妈"为载体的画青蛙的彩墨活动，主要是引导幼儿初步运用摆笔与中锋组合的方式表现侧面的青蛙。

在设计活动时，教师充分借助了"小蝌蚪找妈妈"这一故事情节，同时，巧妙地将"寻找青蛙妈妈的过程"变成教师示范表现青蛙特征的过程，以不同动物的描述绘画出青蛙妈妈的外形特征。教师为活动的主题"画青蛙"找到了幼儿所感兴趣的故事内容。

本次活动适宜在大班下学期开展,活动目标是:尝试运用摆笔与中锋组合的方式表现侧面的青蛙,体验帮助小蝌蚪找妈妈的快乐。活动的重难点在于能够运用摆笔与中锋组合的方式表现侧面的青蛙,其关键是掌握不同笔法的组合表现。整个活动过程分四个环节。

一、配故事,设疑问,引兴趣——找妈妈的小蝌蚪

1. 教师出示图片,引导幼儿大胆猜测。

关键提问:猜猜,这是什么呢?

——幼儿自主回答

2. 教师小结:黑黑的脑袋,短短的尾巴,原来它们是小蝌蚪哇!

过渡语:哎呀!小蝌蚪遇到了一个大问题,它们想妈妈了,可是妈妈在哪儿呢?所以,它们决定要去找妈妈。

二、点故事,理技能,出方法——青蛙妈妈什么样

1. 小蝌蚪:可是,我们从来没见过妈妈,我们的妈妈是谁呢?

关键提问:你们能告诉小蝌蚪它们的妈妈是谁吗?(青蛙)

2. 小蝌蚪:可是,我们的青蛙妈妈跟我们长得一样吗?(不一样)

3. 师:谁能帮帮小蝌蚪,告诉它们,它们的妈妈长什么样呢?

——幼儿自由讲述

教师小结：青蛙妈妈与小蝌蚪长得完全不一样，它长着大眼睛、白肚皮、不多不少四条腿。

4. 我们一起来帮助小蝌蚪找找妈妈，去池塘找找吧！

1) 小蝌蚪游哇游，碰到了小乌龟，小乌龟说青蛙有绿色的背部。（摆笔三笔画背部）

2) 小蝌蚪游哇游，碰到了小金鱼，小金鱼说青蛙有两只大眼睛。（中锋笔尖画眼睛）

3) 小蝌蚪游哇游，又碰到了小乌龟，小乌龟说青蛙有四条腿。（中锋画出四条腿）

4) 小蝌蚪游哇游，碰到了大螃蟹，大螃蟹说青蛙有个白肚皮。（摆笔画出背部，笔尖勾勒白肚皮）

教师小结：瞧，这就是小蝌蚪的妈妈——绿色的皮肤，大大的眼睛，白白的肚皮，不多不少四条腿。

三、画故事，现作品，得创意——帮助小蝌蚪找妈妈

1. 这里有一群小蝌蚪，谁愿意帮助它们找到妈妈呢？

重点提问：青蛙妈妈有绿色的什么？（背部）需要用毛笔以摆笔三笔的方法画出背部，笔尖处轻笔根处重。

——个别幼儿作画

2. 谁愿意来帮忙添上大大的眼睛、白白的肚皮和四条腿？

——个别幼儿添画

3. 还有许许多多小蝌蚪，它们也想找到自己的妈妈，你们能帮助它们找到妈妈吗？

——幼儿操作

教师小结：我们都顺利地帮助小蝌蚪找到了绿色皮肤、大眼睛、白肚皮、不多不少四条腿的青蛙妈妈，真好！

四、编故事，说想象，有感悟——找到妈妈

过渡语：在我们的帮忙下，小蝌蚪终于和妈妈团聚了，它们高兴地说："大二班的小朋友，谢谢你们！"

延伸提问：猜一猜，青蛙妈妈和小蝌蚪团聚后会做什么呢？

——幼儿对画面展开合理想象，自由表达

（撰稿者：张幼萍）

现　场　1-4

毛毛虫蜕变记

对称印画，属于版画范畴，是拓印方法之一，它可以创造出对称的图案，让幼儿在欣赏中理解什么叫对称花纹并感受对称的美。可以说，它也是玩色的一种。玩色，是每个幼儿都喜欢的一项活动，它也非常符合幼儿的心理，让幼儿在玩一玩的过程中积

累经验。

绘本,本身能使幼儿很快进入教学情境中,达到理想的教学效果。《好饿的毛毛虫》是一本有趣的绘本,一个精彩的故事,绘本中鲜艳的色彩、生动的画面都能吸引幼儿的注意力,抓住孩子的眼球。因此,教师选择用绘本《好饿的毛毛虫》为导入,创设情境开展活动。

运用毛笔、宣纸来开展"毛毛虫蜕变记"这一拓印活动,从中鼓励幼儿大胆玩色、大胆创作。活动中,教师让幼儿通过绘本故事中"毛毛虫吃水果"的情境,运用对称印画的方法,并尝试在指定范围内借助点、线、面的绘画技法来表现蝴蝶这一作品。

本次活动适宜在小班下学期开展,活动的目标是:尝试用对称印画的方法,大胆用色拓印出蝴蝶,感受对称以及色彩变化的美。活动的重点在于尝试用对称印画的方法大胆拓印出蝴蝶,从折痕线处拓印蝴蝶的翅膀是活动的难点。基于幼儿的年龄发展特点,建议:活动在幼儿生活中已经观察过蝴蝶的外形特征,并有过中锋、摆笔经验的基础上开展。整个活动过程分四个环节。

一、配故事,设疑问,引兴趣——好饿的毛毛虫

1. 今天,有一位朋友来到了我们班,看看它是谁呀?在它身上会发生一件有趣的事情噢!让我们一起来了解一下吧!

——幼儿欣赏故事"好饿的毛毛虫"(看 ppt)

2. 毛毛虫吃了许多各种颜色的食物,最后变成了蝴蝶。你们觉得这只蝴蝶漂亮吗?哪里漂亮?(引导幼儿发现蝴蝶的对称性)

——幼儿自由表述

教师小结:蝴蝶两边的翅膀的形状、花纹、颜色都是一样的,这个叫左右对称。原来,蝴蝶的两个翅膀上的花纹是对称的。

二、点故事,理技能,出方法——毛毛虫蜕变记

1. 刚才那条好饿的毛毛虫通过吃各种不同颜色的水果蜕变成了美丽的蝴蝶,这些毛毛虫也想变成美丽的蝴蝶呢!

2. 教师用儿歌形式引导幼儿感受对称印画的方法:

(1) 毛毛虫,躺躺好。(毛笔在宣纸对折后连接的一侧侧锋一笔,画出蝴蝶身体)

(2) 张大嘴巴吃个红苹果。(两笔画出前侧较大的翅膀)

(3) 再吃一片绿叶子。(画出后侧翅膀)

(4) 吃饱了,盖上被子睡一觉。(手掌压纸)

(5) 睡醒了,掀开被子伸伸腰。(打开宣纸)

(6) 弯弯的触须伸出来。(勾画触须)

3. 教师小结:刚刚老师用了一种画美丽蝴蝶的好方法,那就是先把正方形的宣纸对折,在它的一半上面印画后对折压一压,另外一边就会变出和这边一模一样的画,这种方法叫对称印画。

三、画故事,现作品,得创意——我的蝴蝶

过渡语:让我们用这个对称印画的方法帮毛毛虫变成蝴蝶,好吗?

1. 毛毛虫要想变成美丽的蝴蝶,需要做什么?

——张大嘴巴吃个大苹果……

——还要盖上被子睡一觉、掀开被子伸伸腰……

2. 那么，请你们也让毛毛虫变成美丽的蝴蝶吧！

——幼儿操作，教师指导。

3. 教师：提醒幼儿从折痕处开始拓印。

师：毛毛虫要躺在被子的一边噢！紧紧靠着被子有折痕的这一边哦！

师：让毛毛虫吃各种颜色的水果，它才能成为最漂亮的蝴蝶呢！

师：你给毛毛虫吃了什么颜色的水果呢？

——红红的苹果、黄黄的香蕉……

4. 美丽的蝴蝶快快飞起来吧！

四、编故事，说想象，有感悟——花间蝶

1. 毛毛虫都变成了蝴蝶，穿上了彩色的衣服，让我们送蝴蝶到花丛中去采蜜吧！
2. 蝴蝶都有美丽的翅膀，你最喜欢哪只蝴蝶呢？
3. 美丽的蝴蝶在花丛中干什么呢？

——幼儿根据画面自由表述

（撰稿者：张幼萍）

第 2 章　图像模式：视觉呈现丰富幼儿的创作

图像模式是创造性地运用图像来开展教学的模式，就是以生动形象、多样化的视觉呈现来引导幼儿观察、丰富幼儿想象力、帮助幼儿创作的一种教学模式。图像模式的内容选择主要有：名画、绘本图片、真实照片、动画视频等。这些图像内容以图片或多媒体形式多样化的视觉呈现将教学内容形象、生动、鲜明地表现出来，丰富教学形式，使教学内容变得可视、可听、易观察、易感知、易体会，便于幼儿理解。

现场 2-1

小雨点旅行记

现场 2-2

可爱的长颈鹿

现场 2-3

群山环绕

现场 2-4

池塘里的小鸭子

一、通过图文并茂的视觉传达想象

图像模式在教学活动中能激发幼儿学习的兴趣和观察比较,有目的地观察讨论也会更好地推动幼儿的思考和想象。生动形象的图像呈现能够更加直观地帮助幼儿从整体画面内容到局部细节特征的观察,为后续的创作表现作铺垫。这符合学前幼儿的年龄特点——从形象思维转变到具象思维,图像模式帮助幼儿在观察模仿和想象创作之间架构了桥梁。

1. 激活形象思维

幼儿美术教育重在幼儿的自我表现,抒发幼儿的情感,发展幼儿的形象思维、想象力和创造力,促进个性的发展。然而,想象不是凭空产生的,而是根据观察、感觉到的信息在头脑中形成表象,然后经联想、加工、改造而成的。所以,想象力和创造力的培养需要积累大量的感性经验,图像模式通过图文并茂的视觉传达,帮助幼儿在观察中思考,拓宽视野,丰富想象。

2. 形成审美意识

幼儿的心理特征是以无意注意为主,在学习的过程中又主要是对直观的事物作模仿学习,因此,幼儿很难理解抽象的概念,所以,在美术活动过程中很多内容单纯依靠教师的讲解示范或让幼儿自主去画是不够的。教学中需要把所教的内容直观、形象、生动地展现在幼儿面前,利用图、文、声、像和各种色彩从各个角度推动幼儿观察思考,把最初抽象复杂、难以理解的事物转化为具体、简单、易于幼儿接受的事物。

图像模式在彩墨教学中的运用让幼儿感受和欣赏大师名画、自然景物和生活中的美好事物,感受形式美和内容美,丰富审美经验,从而提升幼儿的审美能力。

3. 活跃学习氛围

生动形象的图像教学激发了幼儿的学习兴趣,使他们变被动学习为主动获取,思维更加积极,想象更加丰富,调动了学习兴趣。各种形象生动、色彩鲜明、趣味十足的图像运用多媒体等呈现方式,能够在虚拟的教学环境中把静态知识动态化,抽象知识形象化,从而为幼儿的彩墨画学习创造了轻松、活泼、真实、自由、动感的学习氛围。根据幼儿阶段学习以无意注意占优势的心理特征,这种生动形象的活动无疑能够最大限度地吸引幼儿的注意力,从而激发幼儿学习绘画的兴趣。

总之,生动形象的图像能够更加直观地让幼儿通过观察、比较和欣赏感受彩墨画中独有的墨色变化,帮助幼儿从朦胧的抽象到简单易懂的形象最后作创造性的联想,促进幼儿在美术活动中直观地欣赏和感受,有效地联想和创作。

二、动静结合,以活跃的形式呈现

图像模式在彩墨教学中的运用能激发幼儿的学习兴趣、陶冶幼儿情操,培养幼儿感受美和表现美的能力。在实际教学活动中,选择贴合主题的图像内容,通过动静结合的呈现方式让幼儿在欣赏观察、比较发现中迁移经验,丰富创作内容,提升审美能力。

1. 选图像,切主题

根据彩墨画活动的主题和目标,选择恰当的图像内容设计教学活动。内容可以是静态的名画、绘本、真实照片,也可以是动态的多媒体课件、视频、音频等。图像应切合主题和幼儿年龄特点,便于幼儿观察和想象。

如:在大班彩墨活动"青蛙"中,运用《小蝌蚪找妈妈》的动画让幼儿在视频欣赏的过程中发现青蛙的基本特征：有大眼睛、白肚皮、四条腿等。通过生动有趣的动画让幼儿从整体画面内容到局部细节特征都能关注到，为后面的创作表现作铺垫，同时，生动形象的视频画面让幼儿在欣赏的过程中感受彩墨画优美的意境。

2. 看图像，谈要点

选择切合主题的图像呈现于幼儿面前时，教师需要引导幼儿有效地观察画面，观察和讨论所呈现图像中的特点和不同之处，在有效的师生互动和生生互动过程中帮助幼儿掌握彩墨画活动的重难点。

如：美术活动"天鹅"中教师提供了不同场景中天鹅的姿态的图片和公园里天鹅戏水的动态视频，在动静交替的观察过程中，引导幼儿重点讨论天鹅脖子的不同方位表现出的不同动作。有的天鹅脖子伸得长长的，有的天鹅在低头饮水，有的天鹅转头在和后面的小伙伴说着悄悄话……为幼儿在后续创作过程中表现得更加丰富作铺垫。

3. 用图像，得迁移

在美术活动中，教师除了唤起幼儿已有的经验，还应设法帮助幼儿拓展经验。教学活动中图像的呈现方法和先后顺序都是为幼儿的欣赏与感受、表达与表现而服务的。教师引导幼儿在观察中比较，幼儿探索发现已有经验与新经验之间的关联，推动幼儿迁移经验，联想后予以创作。

如：活动"荷叶"第一环节幼儿运用已有经验自主绘画太阳，第二环节教师出示名画齐白石的《荷》，幼儿通过观察比较发现荷叶的绘画方法和画太阳的方法是一样的。让幼儿在观察比较中将已有经验迁移到新的创作中，运用侧锋的方法画出大大的荷叶。

4. 说图像，提情感

在日常教学活动过程中可以选择大师的名画创设背景环境，选择与教学内容相关的名师作品或动画引导幼儿欣赏与感受。在欣赏观察后引导幼儿表达对画面的理解，增强幼儿的审美意识，加深对绘画表现力的认知和理解，为幼儿积累丰富的想象创造条件，以创作出更多更好的作品。同时，还可以通过活动的共享交流环节，让幼儿介绍自己的作品或者自己喜欢的其他作品。通过讲述画面中的独特之处和有趣的故事，帮助幼儿再一次完整地欣赏所有的作品，提升幼儿对彩墨画的审美能力。

如：彩墨画欣赏活动"虾"中引导幼儿欣赏齐白石的《墨虾》，在观察中发现画家齐白石爷爷的画面中墨色的浓、淡变化。教师引导幼儿在观察后说说"齐白石爷爷画出的虾是什么样子的"，帮助幼儿更好地理解虾在浓淡变化中更显晶莹剔透、活灵活现，了解国画中墨色的奇妙变化，从而感受国画的韵味。

总之，图像模式在彩墨画教学中的运用的最终目的并不是让幼儿的画面表现得有多逼真，而是通过这种教学方法让幼儿学着观察细节、喜欢探究质疑、大胆表达表现，培养良好的自信学习品质。教学活动中不断地丰富孩子的感官体验，让孩子多欣赏、多观察，才能使孩子在欣赏中不断地内化为自己的审美观。

三、用图像感受变化的美

这里以彩墨活动"夏荷"为例，进一步阐述图像模式如何实施。

在日常美术教学活动中我们常常只是将图像变为一种示范，或者是直接出示图像让幼儿去模仿，了解彩墨画中的中侧锋、浓淡墨的运用，运用的形式都会比较单一和枯燥。

图像模式的巧用能更好地帮助幼儿联想、迁移、想象和创作。在彩墨活动"夏荷"中，通过幼儿已有的太阳的绘画方法和名画中荷叶的形态对比帮助幼儿联想迁移，同时运用源于幼儿生活中的照片和视频更多元地呈现出池塘里荷花、荷叶的美景，帮助幼儿拓宽视野，激发想象和创作。

1. 选图像，切主题

活动中需要幼儿欣赏一些荷花、荷叶的图像或视频，那么，在选择素材的时候首先需要选择名画，让幼儿欣赏最美的作品，因此，图像内容选了齐白石的《荷》。为了帮助幼儿在活动中更有效地观察荷叶的形状和墨色的变化，在大师的作品中找了以荷叶为主、荷花为辅的画面。同时,选择了正面张开的大荷叶,能更加形象生动地让幼儿观察到荷叶中的茎脉和叶子的浓淡变化。正面的大荷叶也能更好地为后面幼儿自主探索将绘画太阳的经验加以迁移作铺垫。

2. 看图像,论要点

活动开始先让孩子自由地在宣纸上画一个太阳,随之引导幼儿说说运用了什么方法,教师再帮助幼儿再现中锋浓墨绘画的已有经验。然后,欣赏齐白石的《荷》,在形象直观的欣赏过程中与幼儿讨论思考"荷叶是什么颜色,什么样的"? 通过图像观察幼儿能非常直观地发现荷叶是大大的,淡墨色的;荷叶中心的茎脉是细细的,浓墨色的。通过观察思考得出绘画的方法:侧锋淡墨画出大大的荷叶,中锋浓墨画出细细的茎脉。

3. 用图像,得迁移

第二环节中图像模式将幼儿自主绘画的太阳和齐白石《荷》同时展示,幼儿通过观察比较一目了然地发现荷叶的画法和太阳是一样的。将画太阳的已有经验迁移到画荷叶的方法上,这样的图像对比转化为绘画联想,让孩子不再是被动地学习,而是通过图像观察主动发现,习得经验。

在经验的迁移过程中,孩子更加大胆自信创作表现池塘荷花、荷叶的美景。在创作过程中教师出示真实的池塘图像、音像帮助幼儿丰富想象,更好地推动幼儿创作表现(添画小鱼、小草、蜻蜓、蝴蝶……)。

4. 说图像,提情感

最后环节教师出示了齐白石绘画的几幅荷花、荷叶的作品:齐白石爷爷画的荷叶与众不同,看看他的画里荷叶是什么样子的?

幼:这片荷叶像椭圆形,真漂亮、椭圆形的是侧面的荷叶、左边的荷叶好大好大像沙发一样可以躺在上面……

孩子在欣赏观察后表达了自己对大师作品的理解,发现荷叶有侧面的,荷叶有远近,了解画面中大小远近的关系,也了解了破边的构图、颜色的运用……

接着,教师继续提问:"谁愿意来介绍一下自己的作品或是你喜欢的作品呢?"在欣赏表达了其他大师有特色的作品后,鼓励幼儿大胆介绍自己绘画的作品,发现自己作品中的美,帮助幼儿树立自信。幼儿在欣赏和表述的过程中发现荷叶不同的姿态,感受彩墨画中墨色变化的美,帮助幼儿提升审美能力。

> **温馨提示**
>
> 1. 要根据幼儿的年龄特点、主题内容等选择、制作合适的图像内容,并以动、静等不同呈现方式来激发幼儿学习兴趣。
> 2. 图像的选择以名画和真实图片为主,尽量避免随意的图像欣赏。
>
> (撰稿者:陆婷婷)

现场 2-1

小雨点旅行记

自《3~6岁儿童学习与发展指南》艺术领域问世以来,很多老师都尝试着将艺术活动从"欣赏感受和表达表现"着手设计与架构。而我在想,幼儿是需要欣赏和感受的,但欣赏感受后就真能获得直接的感悟进而表现创造吗?如果是这样,那在个别化学习中也能完成，为何还要集体教学活动呢，它对幼儿的意义在哪里？故本次活动巧妙借用《小雨点旅行记》故事情景，通过引导幼儿欣赏雨点落在宣纸上的不同效果，感受晕染的神奇，产生愿意表现的愿望，并通过观察寻找雨点去哪了帮助幼儿理解浓破淡的表现方法，为幼儿自主表现作架构，亦使幼儿在反复的心理和视觉冲击中感悟浓破淡的创作方法。真正体现艺术活动"让技能无痕，让兴趣沸腾"的精髓。

在主题活动"春夏秋冬"开展过程中，孩子们观察和了解了风、雨、雷等自然现象，感受天气的变化，理解四季和人们的关系。如：天气预报站、各种天气的拼图故事等。前期，幼儿认识了四季不同的花卉植物，对荷叶、荷花的外形特征有丰富的观察感知经验，并有过用勾线笔、蜡笔、炫彩棒等多种美术工具表现荷叶的经验。还在"我是中国人"的主题中关注过、尝试过文房四宝等国画工具。因此，以绘画荷叶为载体让孩子感受浓破淡的晕染效果，不仅可以帮助幼儿积累有关国画活动的经验和素材，还可以体现美术集体活动具有的引领和提升的价值，引发幼儿在后续的个别化活动中大胆自信地予以表现的兴趣，也为幼儿提供必要的经验支持。

虽然在活动文本中，可以看到比较专业的国画术语，但是在整节活动中，却并没有注重国画的技能，强调的是表现方法，随着故事情景的发展，引导幼儿在欣赏感悟中产生作画的欲望。

这是大班下学期的一个活动内容，活动的目标是：在看看、玩玩、说说的过程中，初步感受并尝试"浓破淡"的晕染方法。活动的重、难点在于幼儿愿意尝试表现"浓破淡"的晕染方法。基于幼儿的年龄发展特点，建议教师在幼儿前期有观察过荷花荷叶，了解这种植物的外形特征的经验基础上授课。整个活动过程分四个环节：

一、选图像，切主题——草地图像对比感受"浓破淡"的效果

下雨了，小雨点落在这一大片池塘上。请你们用毛笔宝宝让小雨点到草地上做游

戏。(干湿宣纸)

提问：池塘里和池塘边上的雨点有什么不一样吗？(湿、化开、晕染开)给你带来什么感觉？(感觉模模糊糊、朦朦胧胧)

小结：原来，雨点滴在湿湿的池塘里，就会变成朦朦胧胧、模模糊糊的。

(提示：采用观察比较法，让幼儿初步感受到"浓破淡"的效果，便于幼儿下一环节的观察和理解。)

二、看图像，论要点——通过观察画面，寻找"浓破淡"的不同画法

过渡：雨点到哪里，哪里就会变得朦朦胧胧的，特别好看。

提问1：小雨点又跑到哪里去了？你能找到和刚才池塘里一样的湿湿、朦朦胧胧的小雨点吗？(ppt国画两幅)

提问2：你是怎么发现的？(湿湿的、化开来)

——小雨点在树枝上变成圆点化开来。

——小雨点在叶子上沿着茎脉滑下来变成细细的线条。

小结：小雨点落在湿湿的地方就会慢慢的化开，变大，特别漂亮。

(提示：通过全面观察，让幼儿在看看说说中了解"浓破淡"不仅仅只是色彩的变化，在形状上也会产生不同形态。)

三、用图像，得迁移——动手尝试"浓破淡"的方法

过渡：小雨点去过那么多地方，这次它又来到了哪里呢？(ppt荷叶和视频)

提问：小雨点落在荷叶上会做什么游戏呢？会变成什么样子？

小结：雨点滴落在荷叶上蹦蹦跳跳，雨点沿着茎脉滑下来变成线条。

1. 观察视频后迁移到淡墨荷叶上绘画浓墨的叶脉：

过渡：小雨点来到了整片荷塘，请你们用毛笔宝宝画出湿湿的荷叶让小雨点去做游戏吧。（边说边出示大毛笔和勾线笔，帮助幼儿找到浓淡墨）

小结：原来雨点在湿湿的荷叶上面会滑下来，会把荷叶都变得朦朦胧胧的，特别好看。

（提示：集体尝试"浓破淡"的画法，掌握方法，为下面的创作作好铺垫。）

2. 观察要点：幼儿画面水分的控制。

过渡：滑呀滑，小雨点滑累了，想在池塘边的小石头上休息一下，看看这荷塘的美景，荷塘里还会有什么呢？把美丽的荷花也请到你们的画面上。

（提示：集体创作，巩固"浓破淡"的方法，加强幼儿之间的互动。）

四、说图像，提情感——互动欣赏、评价同伴的作品

1. 我们一起来找找湿湿的小雨点都藏在哪里呢？

（邀请小朋友：谁画中的小雨点和他的是一样的？可以来说一说吗？）

2. 除了荷叶上还有哪里也藏着湿湿的小雨点呢？

哇，我们的画在一起变成了美丽的荷塘。小雨点还会去哪里旅行呢，下次请你们继续去找一找。

（提示：通过交谈、欣赏、评价，让幼儿说说自己喜欢的作品，在肯定自己的同时也增强了孩子们之间的互动和情感。）

（撰稿者：陆婷婷）

现场 2-2

可爱的长颈鹿

中班的主题"在动物园里":老师在图书角提供了幼儿感兴趣的动物图书,幼儿对于各种小动物的特征以及生活习性等都非常感兴趣,这些还成为幼儿茶余饭后的讨论热点。

本次活动注重幼儿的表现与创造,在艺术领域"感受与欣赏"和"表现与创造"两个板块中,主要就在于"感受"与"表现"的关系上,因为欣赏也是一种感受,是更深入的感受,而创造也是一种表现,是更独特的表现。而"感受与欣赏"是"表现与创造"的前提,艺术教育就应该从"感受与欣赏"入手,在此基础上加以"表现与创造"。

活动主要分为导入、摆弄、集体作画、共享四个环节,首先用ppt的形式,展示多张不同形态的,或多或少的集体长颈鹿的图片,吸引幼儿的注意,在说说、看看中,激发幼儿的兴趣。第二环节,摆弄不同的长颈鹿,利用长颈鹿玩偶,让幼儿对长颈鹿的不同形态作摆弄,并说说自己的长颈鹿在干什么,为下一环节的创作绘画做好准备。第三环节,幼儿集体作画,老师巡视,个别指导,及时鼓励。最后,用长颈鹿主题乐园的形式让幼儿描述自己的作品,在描述中情感体验得以升华。

这是中班下学期的一个活动内容,活动的目标是:在观察和体验长颈鹿不同动态中,用毛笔中锋、侧锋和摆笔组合的形式表现长颈鹿的不同动态,激发幼儿热爱动物的情感。活动的重、难点在于激发幼儿表现出长颈鹿的不同形态绘画热情。基于幼儿的年龄发展特点,建议活动在幼儿前期在区域活动中了解过长颈鹿,绘画表现过长颈鹿的基本特征的基础上安排。本次活动是在了解基本特征的基础上鼓励幼儿用画具表现不同的动态。

整个活动过程分四个环节。

一、选图像，切主题——不同场景的画面便于幼儿观察

1. 选择四种模式的照片

第一种——喝水：四肢分开，长长的脖子低下头喝水的错落场景。

第二种——吃叶子：长颈鹿吃树叶，微微抬起头部的场景。

第三种——互动式：妈妈、宝宝能观察出高低不同，画面出现低头和抬头的对话的场景。

第四种——相亲相爱式：长颈鹿朋友互相交错的拥抱的场景。

2. 在前期活动中，孩子们对长颈鹿的外形特征已经有了一定的了解，也尝试性地画了一些长颈鹿，对长颈鹿的形象很有兴趣，但是画面上长颈鹿的形态单一。因此，我就顺应孩子们的兴趣点，从观察不同形态的长颈鹿入手，让幼儿在看看、说说中了解长颈鹿不同形态的变化。选择四种模式更好的让幼儿观察长颈鹿的动态，并烘托热爱动物朋友的情感。

二、看图像，论要点——观察不同形态的长颈鹿

1. 暖暖的风吹在身上可真舒服哇，瞧，有一个好朋友来了，它是谁？

2. 原来是长颈鹿，和它打个招呼吧！

关键提问：(1) 这只长颈鹿在干什么？

教师小结：原来长颈鹿为了吃到树顶上嫩嫩的叶子，它把它的脖子伸得长长的，

努力地往上伸直,四条腿也是直直的,这样才能吃到大树最顶上的嫩叶。

关键提问:(2)这几只长颈鹿在干什么?你从什么地方看出来的?

教师小结:长颈鹿吃树叶、喝水和伙伴一起玩耍的时候它的脖子、腿都发生了变化,这样才能做它想做到的事情。

三、用图像,得迁移——摆弄图像玩偶感知不同形态

1. 今天,有许多长颈鹿来到了我们的教室,我们把它们请出来,你和你的长颈鹿一起玩一玩吧。

关键提问:(1)你的长颈鹿做的什么动作,它在干什么?

(2)我们一起来猜一猜,他的长颈鹿在干什么?

教师小结:长颈鹿的脖子和腿都变了变,就会发生不一样的故事。

【设计意图】第一,这个环节让孩子在摆弄玩偶的过程中切实地感受长颈鹿形态变化时,四肢和脖子的形态变化;第二,让孩子的兴趣点再次得到提升,激发幼儿的想象,并对自己的创作和想象作大胆的表述,为下面的绘画创作作好铺垫。

2. 幼儿作画,鼓励幼儿创作不同形态的长颈鹿。

(1)教师:画前先想一想,你画的长颈鹿在干什么?在哪里?

(2)指导幼儿将长颈鹿的主要特征表现出来。

四、说图像,提情感——说说小故事感受长颈鹿的可爱

请你的长颈鹿来到他们的乐园里来吧。

教师：你的长颈鹿在干什么？讲一讲你的长颈鹿的故事。

【设计意图】用"主题乐园"的形式展示，不仅美观，还能让幼儿有成就感，觉得自己的长颈鹿是最可爱的，让孩子的自信心得到提升。

（撰稿者：陆婷婷）

现场 2-3

群山环绕

现在大班正在讲授的是"我是中国人"和"我们的城市"两个主题，而其中的一个站点就是关于老房子，所以，在国画的内容选择上，我选择了老房子。在第二课时的选择上，结合了"我是中国人"主题中介绍过的秀丽的河山的丰富画面，画大山。由于幼儿年龄小，生活的地方是平原地区，平时无法接触到大山，所以，为了让幼儿多了解各种各样的山，我准备了课件，里面有大量的山的图片。

水墨画也叫中国画，是我国的传统绘画，也是我国特有的艺术表现形式。国画的内容一般反映了中华民族意识和审美情趣，国画可以陶冶一个人的情操，提高审美能力，但是现在的孩子在这方面接触太少。我园在园本课程的背景下，深入挖掘水墨画活动对幼儿发展的价值，引导幼儿观察发现，初步了解国画，让幼儿学会运用国画语言表达自己的思考，在过程上使它真正发挥其"艺术语言"的功能，让幼儿体验绘画的乐趣，在快乐轻松的学习中，培养幼儿的审美情趣。

《3~6岁儿童学习与发展指南》中指出"能用多种工具、材料或不同的表现手法表达自己的感受和想象"。而这个活动是从幼儿初步认识山水画所表现的意境的美入手,感受山水画独特的艺术美感,了解画家是怎样通过笔墨的运用、构图的安排、虚实的处理来实现对意境的营造的。让幼儿对中国画的精神与特点有一个整体的了解,从品味意境、享受意境,到用笔墨大胆、自由地表现意境。

我们班孩子对于彩墨画的技巧已经有了一定的掌握,结合大班的年龄段特点——幼儿开始会自主地欣赏一些作品,而国画中的干湿所呈现的虚实感,这种特性也是独有的,所以我设计了一节关于湿画法的教学活动。

本次活动的目标:尝试运用湿画法表现远处的山,感受国画干、湿、虚、实的美。活动重点:了解湿画法在画面中的效果。活动难点:掌握湿画法的技能。而活动设计点是将幼儿推在前面,抛出问题,让孩子自己思考,同时,用试一试的方法来验证一下自己的想法。接着老师再作提升,将幼儿的个体经验转换为集体经验,最后再集体尝试,感受湿画法的特性以及与画面上位置之间的关系。整个活动过程分四个环节。

一、选图像,切主题,在欣赏中直观感受湿画法的特点

1. 中国有许多的美丽的山山水水,你们有去过哪些地方呢?
——幼儿自由讨论
今天,老师带来了一幅中国秀丽的江山画,一起看看。
提问:在画面中你看到了什么?
2. 一起猜猜。
提问:刚才的画里看到过这个吗?是什么?
追问:在这幅画的哪里看到的?(远处还是近处)你是怎么看出来这些是远处的山?

小结：原来远处的风景是在画面上方，而且看上去是模糊的、淡淡的。

二、看图像、论要点，在尝试、操作中探索湿画法

1. 这种淡淡的感觉在国画中是怎么画出来的？

——幼儿自由讨论

2. 幼儿尝试自己的想法。

3. 提问：你们觉得哪张画中的山特别像是远处的山？（个体经验转换为集体经验）说说你的方法？

关键词：水多、淡淡的、毛笔轻轻地躺下。

4. 按照幼儿方法教师尝试

提升：先把纸全部弄湿、山与山之间保持距离。

小结：将纸用毛笔刷湿，再把毛笔沾上颜料，躺下毛笔、轻轻地刷，就会画出淡淡的感觉，就像远处的山一样。

三、用图像、得迁移，在添画中尝试湿画法在作品中的运用

这是我们画的有趣的中国老房子，想一想，是不是可以用湿画法来丰富一下你们的作品？画上远处的山。

重点观察：湿画法的步骤，提醒幼儿山与山之间的距离。

小结：原来一幅国画中要有干，有湿，再控制好位置，就能看出远和近了。

四、说图像、提情感，了解湿画法在作品中的运用

欣赏作品：在国画作品中还有许多地方用到了湿画法，你能看出来吗？

（撰稿者：冯春雅）

现　场　2-4

池塘里的小鸭子

"动物"是个大主题，适合不同阶段的幼儿开展国画活动。所以，教师在选择和设计相关活动时，把握好各年龄段幼儿的年龄特点和兴趣很重要。活动"池塘里的小鸭子"源于中班主题活动"在动物园里"，该主题的重点是幼儿能观察了解动物的外形，关注它们不同的特性，激发对动物的喜爱之情。

兴趣是最好的老师，幼儿有了兴趣，才会有作画的愿望。毛茸茸、胖乎乎的小鸭子是孩子们非常熟悉和喜爱的一种小动物，孩子们对其外形特征也比较了解，所以，本次活动选择了绘画小鸭子这一内容。而炎热的夏天正是游泳的最好季节，我们班的孩子在讨论如何降温的时候，都提到了游泳降温，所以将这些幼儿现阶段感兴趣的活动结

合在一起,设计了国画活动"池塘里的小鸭子"。

在国画活动中,班中幼儿已经开始逐步掌握中锋和侧锋的绘画技能并开始关注起了中锋和侧锋的不同。但在绘画过程中,很多幼儿还是模仿教师的范例画,因此,画面常常显得单一、不生动。但我们认为在国画活动中更应体现创造性的表现。所以在本次活动中,我们努力创设情境,让幼儿在学会绘画不同形态的小鸭子的基础上,进而引导幼儿大胆表现小鸭子和同伴一起快乐游戏的情景。

《3～6岁儿童学习与发展指南》指出:要尊重幼儿自发地表现和创造,并给予适当的指导。也就是说,教师在设计活动时需充分满足幼儿的兴趣点。而我班幼儿对于鸭子的喜爱,也激发出了他们想用画纸表现的欲望。因此,教师就要通过活动的设计,让幼儿愿意表现和会表现,让他们成为感受、发现、创造、表现的主体。图像模式,在彩墨画教学中运用的最终目的并不是使幼儿的画面表现得有多逼真,而是通过这种教学方法让幼儿学着观察细节、探究质疑、大胆表达表现,树立自信的良好学习品质。教学活动中不断地丰富孩子的感官体验,让孩子多欣赏、多观察,才能使孩子在欣赏中不断地内化为自己的审美观。

这是中班下学期的一个活动内容,活动的目标是:能用中锋、侧锋组合画不同动态的鸭子,体验鸭子在夏天的池塘里戏水的乐趣。活动的重、难点在于能用中锋、侧锋组合画不同动态的鸭子。基于幼儿的年龄发展特点,建议:根据中班幼儿的年龄特点、主题内容等选择、制作合适的鸭子图像内容组织活动,建议幼儿前期在生活中已经有观察过鸭子的外形特征,并有中锋、侧锋经验的生活积累。活动中以动、静等不同呈现方式来激发幼儿学习兴趣。整个活动过程分五个环节。

一、选图像,切主题,引兴趣——鸭子游来了

1. 炎热的夏天,凉爽的池塘是哪个小动物的最爱?

2. 原来是一群游到池塘里寻找凉快的小鸭子,看看,小鸭子长什么样?

小结:小鸭子长着圆圆的脑袋、胖胖的身体,可以转动的脖子,扁扁的嘴巴和大大的脚蹼,看它们在池塘里玩得多开心哪!

二、看图像,论要点,出方法——不同姿态的鸭子

1. 小鸭子在清凉地池塘里游得多开心哪,瞧!它们都做起了游戏。看看它们在做什么游戏?

小结:每只小鸭子的姿势都是不一样的,有的小鸭子在……有的小鸭子在……还有的在……

2. 教师:看!小鸭子游来游去真开心哪,虽然它们的身体长得差不多,但是它们做着不同的动作,看看这些鸭子做了哪些不同的动作啊?

小结:原来只要变一变脖子和脑袋的位置,小鸭子的动作就不一样了。

3. 教师:小鸭子还会做些什么动作呢?

——个别幼儿操作

过渡语:这么凉爽的池塘,多请一些小鸭子来游泳吧!

三、用图像,现作品,得迁移——小鸭子快乐游戏

(一)提出要求:

1. 小鸭子会做些什么游戏呢?

2. 画出不一样姿态的小鸭子。

（二）教师指导：

1. 引导幼儿用中锋侧锋组合画鸭子。

2. 鼓励幼儿大胆作画，画出不同姿态的小鸭子。

四、说图像，提情感，有感悟——体验成功的乐趣

池塘里现在真热闹哇！请你来介绍一下你画的小鸭子，它在干什么？

五、延伸：不同的鸭子——激发继续作画的兴趣

你们的小鸭子在池塘里玩得这么开心，老师也请来了一些鸭子，瞧瞧它们是怎么样的？

（撰稿者：印怡隽）

孩子们的作品展示

第3章　诗词模式：用韵律描绘画面的美感

诗词模式是一种以诗词为主题，诗配画、画赋诗，诗画融合的教学模式，包括中国古典诗词和童谣儿歌。诗词模式分为两种：一是"诗中有画"，概括地说就是运用诗词中的语言组织教学，二是"画中有诗"，就是儿童完成一幅画面后创编儿歌为自己的作品赋诗。运用儿童能够理解的诗或童谣，将其中所描绘的情景贯穿于整个教学活动过程中，以富有节奏又简单易懂的语言开展教学活动。

现场 3-1
梅
现场 3-2
咏鹅
现场 3-3
风
现场 3-4
望

一、再现意境，唤起联想

诗词是中国传统文化的重要组成部分，教师可选择一些简单的诗词运用到日常教学活动中，结合诗词特定的意境和韵律美，将诗词贯穿在活动的各个环节中，采用生动有趣的活动形式，组织全体幼儿的操作活动，这种形式深受孩子们喜欢。

1. 诗词是儿童审美情感的需要

诗词吟诵中，优美的旋律、和谐的节奏、真挚的情感可以给儿童以美的享受和情感熏陶。儿童听唱儿歌既可以联络与周围人的感情，也可以使他们的情感得到抒发，从而调节他们的情绪，使其得到愉悦。幼儿唱儿歌，则是感情的外泄过程，并且能从中体验成人的劳作和生活，验证自己的经验和记忆。

2. 诗词是儿童启迪心智的钥匙

儿歌中有大量的作品，都是以某方面的知识作题材，可以形象有趣地帮助儿童认识自然界，认识社会生活，开发他们的智力，启迪他们的思维和想象能力。因此，从一定意义上说，儿歌是引导儿童认识世界、认识自己、步入人生的领路人、启蒙者。

3. 诗词是儿童体验语感的法宝

诗词语言浅显、明快、通俗易懂、口语化，有节奏感，便于幼儿吟诵。反复吟诵诗词，能帮助幼儿矫正发音、正确把握概念、初步认识事物，并能培养他们语言的连贯力和表达力，训练和发展思维，培养和提高他们运用语言的能力。

总而言之，抓住诗词"诗中有画"的特点，把"诗"与"画"结合起来教学，具体而形象地再现古诗中的画意，能唤起幼儿丰富的联想，从而引导幼儿深入体会古诗的画面美。许多幼儿结合自己的理解作画，画面越来越丰满，绘画能力也越来越有进步，促进了他们在语言和审美能力等方面的不断提高。

二、让诗词融合在教学之中

诗词是中国特有的具有韵律与语言节奏的文学形式，选择适合的诗词内容能够让画面更具有美感，在吟诵诗词的过程中更快、更有效地达成目标。从实践操作角度看，诗词模式主要有听诗词，诗画相伴；吟诗词，诗中有画；作诗词，画中有诗；诵诗词，诗画融合这四种形式。

1. 听诗词，诗画相伴

将诗词和彩墨技能相融合，用诗词中的情境、语言将彩墨技能形象化、具体化，帮助幼儿潜移默化地掌握相应的技能。

例如：教师通过吟诵古诗《咏鹅》来帮助幼儿了解大白鹅的身体形态：弯弯的脖子、白色的羽毛、红色的脚掌……用边讲诗词边作画的形式示范作画步骤以及按笔的技能，巧妙地将示范融入诗词中，幼儿很自然地掌握了白鹅的表现手法。

2. 吟诗词，诗中有画

根据彩墨画活动的目标，选择恰当的诗词（教师自编或选择经典诗词）设计教学活动。

如：在大班彩墨活动《咏鹅》中，运用耳熟能详的古诗词《咏鹅》，描绘古诗词中的情景，感受诗画一体、诗情画意的优美意境。

《咏鹅》活动主要引导幼儿欣赏感受鹅的动态美感，初步激发幼儿热爱大自然的情感，体会创作的快乐。而诗词《咏鹅》所要呈现的画面正是"鹅，鹅，鹅，曲项向天歌。白毛浮绿水，红掌拨清波"。——大白鹅游泳的动态美跃然纸上。

在活动过程中，《咏鹅》这一情境贯穿始终，幼儿就在诗词的语感韵律中掌握用大白鹅的形态,在这个过程中,幼儿也感受并体验到诗中有画的韵律美。

3. 作诗词,画中有诗

在幼儿完成作品后作简单的、符合幼儿年龄特点的诗词儿歌创编。例如,在"家是什么?"活动中,中班的孩子们根据自己的观察与想象,从散文诗《家是什么?》中获得灵感,表达了自己对家的理解。有的幼儿把家理解为一个大大的巧克力屋,因为,爸爸妈妈和他在一起的时候非常甜蜜,就像巧克力一样。于是,他在绘画属于自己的《家是什么?》后创编了诗句:家是一座大大的巧克力屋子,爸爸妈妈还有我甜蜜地生活着。

4. 诵诗词,诗画融合

让幼儿在绘画后吟诵诗词,完善作品,表达自己的创意。

例如:在"咏梅"的活动中,老师问:"你们看到的梅花是什么样的?"幼儿们就回答:"梅花是在寒风中开放的。"这时老师小结:"对,我们的梅花都是'凌寒独自开'的。"用诗词中的语言小结,在幼儿创作后再集体吟诵诗词,增强了幼儿对画面的理解,同时感受诗词的韵律美。

总之,在诗词模式教学活动中,教师要根据活动内容选择适宜的诗词,同时要结合主题,将目标及重难点分解到整个诗词中去。让幼儿如身临其境般融入诗词情景中,在诗词情景化、语言化的暗示、引导中获得经验的积累。

三、以诗词美化教学意境

这里以彩墨活动"望"[①]为例,进一步阐述诗词模式如何实施。

大班的幼儿正在开展"我们的城市"这个主题的学习,平时我们都是用油画棒、蜡

---

① 在"望"这个活动中,教师引入古诗《一去二三里》作为活动的文本。全诗为"一去二三里,烟村四五家。亭台六七座,八九十枝花。"本诗版本颇多,我们在活动中选用这四句。——编者注

笔来画房子。最近幼儿画的都是城市中的"新建筑",对于"老房子"的画法不是很了解。因此,采取了通过欣赏古诗结合水墨画创作这一新鲜的绘画形式,既表现古诗的意境美,也有助于幼儿的创作。

1. **听诗词,诗画相伴**

活动过程中,教师充分借助了"一去二三里"这一诗词情节,同时,巧妙地将绘画房屋建筑的过程变成教师示范表现房屋特征的过程,以不同建筑的描述绘画出房屋的建筑外形。教师帮助活动的主题"画房子"找到了幼儿所感兴趣的的诗词内容。

2. **吟诗词,诗中有画**

以诗词模式活动"一去二三里"为例:

教师:我们一起来看看外面的世界吧! 教师非常巧妙地将作画房子的步骤、技能融入到诗词的情境中去,用诗词中描绘的语言来示范画房子的方法:

步骤1:

第一幅画——以儿歌的方式画出老房子

(1) 教师示范,"人字家下两条腿,伸伸直,走得远"。

(2) 幼儿说出步骤,教师演示。同时比较两幢房子,发现房顶方向不同。

步骤2:

第二幅画——"一去二三里,烟村四五家。"

出示第二幅图:表示走了很远,表示有很多房子(景点)。

教师:这幢房子怎么看起来这么小?(表现近大远小)

这房子怎么只有屋顶?(表现重叠)

步骤3:

第三幅画——"亭台六七座,八九十枝花。"

出示第三幅图:表示有许多亭子(可以添画一些树和花)。

3. **诵诗词,诗画融合**

教师用"散步"的情境引导幼儿画房子,幼儿在诗词的情节中表现中国传统建筑的形态美。

例如：幼儿创造表现——谁能一口气走三里路，最先看到美丽的风景。

(1) 从纸的下端画第一幢房子。

(2) 从下往上地画出各种房屋。

(3) 对照古诗添加树和花。

再现情境，小组评议：对照古诗分组找出走得最远，房屋、树木、花朵最多的一幅作品，再一次吟诵、欣赏古诗。

可见，在活动中，通过诗与画的相辅相成作用，能够使幼儿感受到诗的美、画的美，而每个儿童都是天然的诗人。

孩提时妈妈枕边的歌谣，到上学后伙伴游戏的童谣，幼儿的整个儿童时期都被诗歌浸润着。诗歌短小活泼、朗朗上口，以它稚拙的意趣、丰富的想象吸引着孩子们，自然地和儿童由生俱来的天性相契合。

温馨提示

1. 在选择素材时，要根据墨画本身简炼、概括的特点，挑选语言简炼、具体、通俗易懂的、具有趣味的诗词、儿歌素材。还需要结合幼儿的已有经验、当前的热点来选择相应的诗词。

2. 在使用诗词时要关注彩墨和诗词的融合，可根据活动的需要对诗词删减或改编。

3. 活动中，要引导幼儿一起用诗词中的语言来强化彩墨表现方法的融合。

4. 在创编诗词的过程中，不必拘泥于语句，而是注重引导幼儿将自己对画面的感受表达清楚，再作创编。

(撰稿者：汤　淳)

3-1 现场

梅

本活动源于大班主题活动"春夏秋冬"中的小站点：四季的树和花。该站点的站点目标为：了解四季中常见的树木花草和它们的变化。乐于参加照顾树木花草的活动，体会爱护它们的意义。

在午后的散步中，孩子们对于幼儿园新增添的梅花比较有兴趣，虽然花不多，但是淡淡的幽香还是非常吸引孩子。"墙角数枝梅，凌寒独自开。遥知不是雪，为有暗香来"。这首短小的五言律诗，朗朗上口，寥寥几句就将梅花的主要特征表达得非常具体。从梅花生长的地点——墙角，梅花开放的特性——凌寒独自开，梅花开放时的色彩——不是雪（白色），梅花开放时的气味——暗香，全方位、多感官的帮助幼儿体验冬季开放的梅花独特的生长习性和外形特征。

而梅作为花中四君子之一，自古以来，就有很多文人墨客，独爱梅花，并且被梅花的独特气质所深深吸引，留下了许多咏梅的优美诗句。赞颂梅花不畏严寒，坚强、刚正和高洁的品质。

在本次活动中，通过观察和欣赏梅花实物图片及国画图片，及梅花古诗的朗诵，让孩子把古诗与彩墨画有效地融合起来，潜移默化地让孩子们在作画中体验梅花的品质。

依据幼儿的认知经验发展和"春夏秋冬"主题的开展，本次活动可以在大班上学期进行。活动的目标为：1. 在吟诵诗歌的过程中，尝试用"点转"的方法表现梅花的外形特征。2. 感知梅花是冬天凌寒开放的花朵，感受梅花凌寒独自开的高尚品格。

活动的重难点在于表现梅花的各种形态,通过吟诵咏梅的诗句、绘画梅花的外形特征,从而感受梅花高洁的内在品质。活动主要分为四个环节:第一环节,用古诗朗诵吸引幼儿的注意,激发幼儿的兴趣。第二环节,欣赏梅花实物图和国画图片,给幼儿视觉上的冲击,同时有效总结幼儿所观察到的梅花的特征,示范作画步骤以及点转法的技能,请出个别幼儿示范"点转"的方法。第三环节,幼儿集体作画,老师巡视,个别指导,及时鼓励。最后,通过集体展示的形式让幼儿表述自己的作品,最后用放有白色颜料的喷壶来喷画,表现冬季的梅花。

一、听诗词,诗画相伴——感受古诗意境,引发幼儿兴趣

1. 教师播放音乐朗诵古诗。

提问:还记得那首古诗吗?教师起:《梅花》,幼儿齐念。

2. 关键提问:古诗里的梅花是开在什么季节里的?

小结:古诗《梅花》,是宋朝诗人王安石的诗作,描写了在冬季雪天的梅花。

二、吟诗词,诗中有画——引导幼儿观察梅花形态,探索、学习点转方法

1. 引导幼儿欣赏梅花图片。

关键提问:这儿有一些梅花的图片,我们一起来看看,梅花是什么样子的?

2. 小结:梅花有五个花瓣,围在一起像一个圆,中间有花蕊。

3. 探索梅花的画法。

我们再来看看用毛笔画出来的梅花是什么样子的。

(1) 关键提问：你看到的梅花是什么样的？是用什么方法画的。

小结：说得真好，画梅花的方法就是点转法。我可以用"点转"的方法绕圆画出五瓣，最后点上花蕊。这样一朵梅花就画好了。

(2) 你愿意来画一朵梅花吗？

幼儿示范：个别、集体。

4. 探索梅花的形态。

关键提问：你们看到的梅花都是一样的吗？

小结：梅花开放的姿态不一样，有全部开放的，有开了一半的，还有含苞待放的花骨朵。它们开在树枝上、树梢上，满树都是，有的地方多，有的地方少。

三、幼儿创作——运用点转的方法大胆表现梅花

1. 我们也来画一幅梅花图吧，让梅花长在树枝和树梢上，迎着寒风开放。

2. 重点关注：用"点转"的方法绘画梅花花瓣，围绕成圈，最后点上花蕊。花有疏有密，形态各异。

四、诵诗词，诗画融合——感受梅花的凌寒独自开

1. 你最喜欢哪一张作品，你喜欢它的什么地方？

2. 喷壶制作雪中梅花。

雪来了，看，雪中的梅花可真美呀。让我们一起再来念一念《梅花》吧。

(撰稿者：汤　淳)

现场 3-2

咏　鹅

"动物"是个大主题,适合每个年龄段的幼儿开展活动。所以,教师在选择和设计相关活动时,把握好各年龄段幼儿的年龄特点和兴趣很重要。活动"美丽的天鹅"源于中班主题活动"在动物园里",该主题的重点是幼儿能观察了解动物的外形,关注它们不同的特性,以及对动物的喜爱。

一次活动中我让幼儿观看了《小天鹅舞曲》的舞蹈视频,幼儿欣赏了乐曲,体验乐曲的故事情感,幼儿们对可爱的天鹅都很感兴趣。为此我设计此活动,教师可以利用《咏鹅》的古诗,不断地引导幼儿想象画面,创设情景,再用视频音乐渲染强化气氛,让幼儿仿佛置身于小天鹅所处的优美环境,用国画形式表现天鹅的各种姿态,真心地喜欢小天鹅美丽可爱的形象。

《3～6岁儿童学习与发展指南》指出,要尊重幼儿自发地表现和创造,并给予适当的指导。也就是说,教师在设计活动时要充分满足幼儿的兴趣点。我班幼儿对于天鹅的喜爱,也激发出了他们想用画纸表现的欲望。因此,教师就要通过活动的设计,让幼儿愿意表现和会表现,让他们成为感受、发现、创造、表现的主体。

这是中班下学期的一个活动内容,活动的目标是:1. 通过绘画天鹅,使幼儿懂得它们是我国特有的珍贵动物,从而爱护天鹅,保护天鹅。2. 使幼儿认识天鹅的形象特点和生活习性,继续学习用水墨作画的基本方法。活动的重、难点在于利用古诗的导入,运用不同的运笔方法和水墨颜色尝试画出天鹅的各种姿态。基于幼儿的年龄发展特点,建议活动在幼儿生活中已经观察过天鹅的外形特征,并有过中锋、摆笔经验的基础上组织。整个活动过程分四个环节。

一、再现意境,唤起联想——出示天鹅的图片,讲述天鹅的生活习性,引起幼儿作画兴趣

1. 你见过天鹅吗?它生长在什么地方?
2. 你喜欢天鹅吗?为什么?

小结:天鹅是珍稀动物,它们只生活在那些没有环境污染的沼泽、湿地。它们有着白色的羽毛,红色的嘴巴,修长的脖子。

二、听诗词,诗画相伴——欣赏吴作人的作品《天鹅》,理解天鹅的形体结构和形象特征,介绍绘画方法

师:鹅鹅鹅,曲项向天歌,白毛浮绿水,红掌拨清波。这是《咏鹅》的诗歌。小朋友们,今天老师带来的国画作品就是天鹅游泳噢!你们看,白白的天鹅在水中自由自在地游着,多开心哪?我们一起来欣赏一下吧。

1. 天鹅头部呈圆形,身体呈椭圆形,肢肥体胖。
2. 天鹅头、颈、腹背、尾部为黑色,嘴巴为红色。
3. 绘画步骤:
① 用淡墨勾出头和身体。
② 用浓墨画眼睛和嘴巴。
4. 示范作画步骤:
(1) 根据天鹅外形和姿态,勾勒出一至两只天鹅轮廓。

（2）用淡墨画出天鹅的头和身体，用浓墨画出眼和嘴巴。

（3）添加一些生活环境（例如湖水、荷塘、岸等）。

三、作诗词，画中有诗——教师鼓励幼儿根据记忆、想象画出自己喜爱的天鹅，再现古诗意境，教师指导

教师：请你们根据故事内容大胆想象，天鹅在水里会做些什么有趣的动作呢？会和谁一起游戏呢？

幼儿作画，教师播放配乐朗诵古诗，营造绘画气氛。

注意：因为毛笔含水墨分量不同，在宣纸上会产生不同的渗化效果，因此，必须注意控制毛笔含水分的多少和运笔速度。

四、诵诗词，诗画融合——幼儿作品布置作品墙，配上诗歌集体朗诵

教师小结，指出幼儿用笔和用水存在的问题。最后小结指出用笔和用墨的方法。

（撰稿者：李 蓓）

第3章 诗词模式：用韵律描绘画面的美感

现场 3-3

风

本活动源于大班主题活动"春夏秋冬"，该主题的重点是幼儿有兴趣观察风、雨、云、雷等自然现象，感受天气的变化，了解天气与人们生活的关系；了解常见的树木花草和小动物在四季中的变化；比较四季的明显不同，感受季节的不断渐变以及它对人们生活的影响。而本活动源于其中的第一个站点，并将主题体现在目标与内容中。

在开展了一次"风"的活动后，幼儿对古诗的内容有了初步的了解。在各种丰富的主题活动中，他们对风这种自然现象也积累了许多经验。由于班内经常开展彩墨画活动，幼儿对于用彩墨画来表达自己的感受有一定的经验，部分幼儿已经有了想用画画的方式表达风的想法，在他们平时的创作中也有个别体现。可见，用彩墨画的方式来表现风，正是他们兴趣所在。

本次活动结合幼儿的兴趣与经验，通过本次活动，加深幼儿对诗歌内容感受，促进幼儿用彩墨画的形式大胆表现、表达的能力，并激发他们对大自然的热爱。

本次活动的活动目标为：1. 在熟悉诗歌的基础上，能用彩墨画的形式表现自己对诗歌的理解。2. 能大胆地添画与诗歌情节有关的事物。3. 体会古诗中的美景，激发热爱大自然的情感。

活动的重、难点在于运用中锋、侧锋的不同运笔方式大胆表现、表达诗歌中的情节与自己对诗歌的理解。活动的材料准备有：诗配画作品四幅、诗朗诵一首、古诗歌曲一首和国画工具材料。基于幼儿的年龄发展特点，建议本活动在幼儿生活中已经对风和自然景物有一定的经验积累,并有过中锋、侧锋的经验的基础上组织。整个活动的活动过程主要分为三个环节,另有一个延伸活动。

一、欣赏诗歌,进一步理解古诗内容,感受古诗意境——谈一谈

1. 欣赏国画,听配乐朗诵古诗,进一步感受古诗的优美意境。

关键提问:这是一幅和古诗《风》有关的画。听着古诗,看着画面,说一说你有什么感觉。(播放配乐,并逐一出示国画)

教师小结:多美的风景,多美的大自然。

2. 欣赏古诗歌曲,通过优美的旋律再次感受古诗的意境,鼓励幼儿通过自己的理解大胆表演古诗《风》。

教师:这么美的古诗,这么美的大自然,你们想不想把它画下来?

教师:这里有一首好听的歌,唱的就是古诗《风》的内容。请大家听一听,想一想,要怎么把古诗里的内容画出来呢?等一会儿请小朋友来说一说。(播放古诗歌曲)

二、师幼共同讨论如何用彩墨画形式表现古诗内容,并构思创作——画一画

1. 引导幼儿逐句讨论作画内容。

关键提问:这一句,你想要画些什么?怎么画呢?

2. 讨论作品内容中的不同运笔方式。

教师:画国画有不同的运笔方式。我们之前用过中锋和侧锋。那么,今天这首古诗里,中锋你想用来表现什么内容?侧锋你想用来表现什么内容?

小结：小朋友们已经有了许许多多的想法，想要把古诗画下来了。

3. 幼儿创作。

教师：现在，请小朋友们去把古诗变成好看的画吧（鼓励幼儿大胆表达自己对古诗的理解，并用彩墨画形式充分表现）！

三、作品展示，集体朗诵，感受和体会古诗中诗画一体、诗情画意的优美意境——赏一赏

教师：大家都把古诗中的美景变成了美丽的画，我们来欣赏一下大家的作品吧！

总结：风吹过自然中的动物、植物、山和水，我们的大自然真美丽！

四、延伸活动：师幼一起将幼儿作品制作成宫灯，装饰活动室（宫灯的四个面正好可以表现四句诗歌）——变一变

附【古诗】

风

（唐）李　峤

解落三秋叶，

能开二月花。

过江千尺浪，

入竹万竿斜。

（撰稿者：杨丽雯）

现场 3-4

望

在大班主题活动中，"我们的城市"是个幼儿非常感兴趣的主题。古诗《望》的诗句简单，朗朗上口，活动"望"源于大班主题活动"我们的城市"，该主题的目标是：有兴趣地观察周围不同的建筑，了解它们的特征，及与人们生活的关系。在开展了一次"老房子"的活动后，房子周围的环境变迁和房子本身的变化更成了幼儿日常聊天的内容，他们会进入班级图书角，翻阅各种关于建筑的书籍，从中获取、积累相关的经验。所以，"老房子，新建筑"已经成为我班幼儿现阶段的谈话热点。而在幼儿的已有经验中，幼儿乐意用彩墨画的形式表现各种自己见到的、想象中的景色，可见，部分幼儿已经有了想要去丰富作品画面的想法。

《3~6岁儿童学习与发展指南》指出：要尊重幼儿自发地表现和创造，并给予适当的指导。也就是说，教师在设计活动时要充分满足幼儿的兴趣点。而我班幼儿对于老房子、新建筑之间不同的好奇，也激发出了他们想用画纸表现的欲望。因此，教师就要通过活动的设计，让幼儿愿意表现和会表现，让他们成为感受、发现、创造、表现的主体。

这是大班下学期的一个活动内容，活动的目标是：1. 尝试以模拟画国画的方式，表现从下到上（从前向后）简单的重叠。2. 体会中国画的艺术美，表现古诗的优美意境。整个活动以古诗《一去二三里》贯穿始末，当孩子们在欣赏吴冠中的作品时也可以讲到如何表达古诗的意境，以及在示范讲解的时候也可以将古诗的内容融入活动中。

活动的重、难点在于在吟诵古诗的过程中尝试用中锋表现房子的人字尖顶。基于幼儿的年龄发展特点，建议活动在幼儿生活中已经观察过乡村房子的外形特征，并有过中锋、摆笔经验的基础上安排。整个活动过程分三个环节。

一、听诗词，诗画相伴——认识工具，引出主题

1. 上次我们介绍过了什么是水墨画。

提问：水墨画里需要用到什么工具呢？

小结：水墨画是中国特有的艺术形式。它所用的绘画工具也是中国特有的：毛笔、宣纸。

2. 听古诗《一去二三里》，出示吴冠中的三幅作品，请幼儿欣赏。

关键提问：你觉得哪幅画画符合古诗的意境？

3. 吟诵古诗，感受诗词中体现的画面意境。

小结：这幢房子看上去在三里外，要走很长很长的路才能看到它的全部。

二、吟诗词，诗中有画——吟诵古诗，绘画建筑

过渡：今天我们要画一张去远足的中国画，我们要出发了。

边画边吟诵古诗《一去二三里》：

1. 第一幅画——以儿歌的方式画出老房子

（1）教师示范，"人字家下两条腿，伸伸直，走得远"。

（2）幼儿说出步骤，教师演示。同时比较两幢房子，发现房顶方向不同。

2. 第二幅画——"一去二三里,烟村四五家。"

出示第二幅图:表示走了很远,表示有很多房子(景点)。

教师:这幢房子怎么看起来这么小?(表现近大远小)这房子怎么只有屋顶?(表现重叠)

3. 第三幅画——"亭台六七座,八九十枝花。"

出示第三幅图:表示有许多亭子(可以添画一些树和花)。

小结:我们念着古诗来到了村庄里面,村庄里不仅有房屋、有亭子、有树还有花。

三、诵诗词,诗画融合——小组评议,吟诵诗词

1. 从纸的下端画第一幢房子。

2. 从下往上地画出各种房屋。

3. 对照古诗添加树和花。

小组评议:对照古诗分组找出走得最远,房屋、树木、花朵最多的一幅作品,再一次欣赏古诗。

(撰稿者:汤 淳)

第 4 章　游戏模式：在玩耍中自由创作

美国心理学家布鲁纳说："最好的学习动力莫过于学生对所学知识有内在兴趣，而最能激发学生这种内在兴趣的莫过于游戏。"现代教育倡导寓教于乐。游戏模式就是以游戏为手段，组织、开展教学活动的一种形式。教师让幼儿通过愉快有趣的游戏，完成特定的教育教学任务，发展智力，陶冶情趣。

现场 4-1
好玩的哈哈镜
现场 4-2
热闹的花园
现场 4-3
牛奶变变变
现场 4-4
快乐捉迷藏

一、游戏是一种全身心的投入状态

从某种意义上说，幼儿的很多能力都是在游戏中获得的。游戏是促进幼儿学习与成长的活动，是幼儿身心发展最有利的条件之一。

游戏是一种全身心的投入状态，是一种自由自在、纯粹愉快的活动。在游戏中，孩子并非为了追求游戏的结果，他们不受现实的约束，从而获得兴趣、需求以及情感上的满足，在游戏的过程中，他们的认知、情感、动作等方面也得到了发展。因此，皮亚杰认为，教师的主要任务在于给儿童提供相应的游戏材料和设备，激发儿童的兴趣，使儿童在游戏中自由地探索事物，发现问题，发挥自己的能力，允许他们根据自己的方式做游戏活动，从而满足他们发展的需要。

彩墨画教学采取游戏模式能够让幼儿在没有任何精神压力的状态下，积极地投入活动中，在过程中不再以技能、技巧为标准，更多的是注重幼儿情感的表达，挖掘幼儿的潜能，满足他们自我创造、自我创作的欲望，激发他们的自信心，在游戏过程中提高他们自身的审美能力、动手能力和创造能力。

1. 游戏模式有利于激发幼儿的积极性

游戏是幼儿最喜欢的活动，越小的幼儿越是如此。首先，游戏模式下的彩墨活动轻松、愉悦，对于幼儿来说没有任何的压力；其次，游戏模式下的彩墨教学更注重的是幼儿情感的宣泄和表达，在玩乐中提高他们创作的积极性。

2. 游戏模式有利于激发幼儿的创造性

研究表明,自由选择会比强制选择带来更高的创造性。在幼儿绘画中,自由度越高,创造性水平就越高。例如:一组孩子是自己自由地选择材料自由地创作,不拘泥于要求,大胆表现;另一组幼儿则是使用别人选择的材料有目的地创作,结果可以发现,自由选择的一组幼儿在创造性上远远高于另一组幼儿。所以,游戏模式下的彩墨教学,教师将所要完成的目标通过有趣的材料、奇妙的玩法来吸引幼儿的注意力,激发幼儿的学习兴趣和持久性,最终让幼儿很自然、有效地达成目标。

二、让教学成为一种快乐的游戏

游戏模式是把教学活动设计成一种游戏,先收集适合游戏化教学的彩墨画内容,然后再进行整理、筛选、加工,使彩墨画教学成为一种快乐的游戏。从实践操作角度看,游戏模式的整个教学活动都是以游戏形式串联,大致可分为内容游戏化、材料游戏化、方法游戏化、过程游戏化、评价游戏化等五个方面。

1. 内容游戏化,激发幼儿美术创作的兴趣

爱玩是孩子们的天性,不管是哪个年龄段的幼儿都喜欢游戏。因此,在内容的选择上应该有趣、好玩,吸引幼儿创作的兴趣。

如:在小班彩墨活动"好饿好饿的毛毛虫"中,教师抓住"毛毛虫肚子饿"这一个主线,在活动设计中,让幼儿尝试给毛毛虫吃各种各样颜色不同、口味各异的水果味的棉花糖,"喂食"这一情景贯穿整个活动,最后毛毛虫吃饱睡着了,醒来之后变成美丽的蝴蝶。

这个绘本故事本身就是一个非常有趣、好玩的内容,而小班的幼儿对于"喂食"这一活动也是非常有兴趣,所以,整个活动中幼儿的兴趣点一直很高。

2. 材料游戏化,增强幼儿美术创作的灵感

幼儿在学习过程中的主动与被动,往往取决于主观能动性的发挥,而主观能动性的发挥常常与提供的条件有关。当教师为幼儿提供丰富有趣、能使画面产生较好效果的材料时,幼儿就会被有趣的材料所吸引,自然而然就会主动操作材料,参与到彩墨画创作活动之中。

例如:在彩墨活动"小小波洛克"中,我们为幼儿提供了一些材料:毛笔、滴管、喷壶、石头、树枝、毛线、滚筒、纸球……材料区域中还有其他的材料也可以供孩子们选择。孩子们根据自己的需要选取不同的材料予以创作,画的、甩的、滴的……多样的材料选择既能满足孩子们的好奇心,也能让幼儿对美术活动产生兴趣,轻松地获得成功感。

3. 方法游戏化,提高幼儿美术创作的水平

游戏在幼儿美术教学过程中具有重要的作用,它为发展幼儿创造性的思维提供了条件。多样的绘画游戏方法使得他们的创作方式不再是单一的作画、涂色,孩子们在有趣的游戏中获得更多的经验。

例如:在活动"彩色牛奶"中,孩子们通过用滴管滴画的方式在牛奶上上色,作画的工具不再是常见的笔,孩子们有的选择用梳子在牛奶上作画,有的选择用树枝、冰棒棍、挑棒……最后再用纸覆盖在牛奶上,这样一张独一无二的牛奶作品画就呈现在大家面前,既新奇又有趣。

4. 过程游戏化,挖掘幼儿美术创作的潜能

幼儿具有明显的直觉行动性和具体形象性,他们的记忆、思维都是在直接与事物的接触活动中展开的,因此,教师有趣的指导用语会让创作的过程更加游戏化。

例如,在彩墨活动"好饿好饿的毛毛虫"中,幼儿在创作吹画过程中,老师可以说:"我们一起给毛毛虫做出很多很多又大又美味的棉花糖""你太厉害了,用力一吹,大大的棉花糖就做出来了"……

有趣的形象性语言,不仅调动了幼儿创作的积极性,也让整个活动的过程更加轻松、有趣。

5.评价游戏化,培养幼儿美术创作的情感

幼儿的作品充满个性和许多的意想不到的东西,教师可以用多元化的评价及展现方式,灵活地给与幼儿欣赏和感受的意境,让幼儿获得更多的成就感和满足感,从而激发幼儿创作激情的延伸和持续。

例如,在"好饿好饿的毛毛虫"活动中,毛毛虫肚子终于吃饱了,听着柔和的音乐,它慢慢睡着了,孩子们和毛毛虫一起进入了梦乡。天亮了,当孩子们睁开眼睛的那一瞬间,胖乎乎的毛毛虫变成了一只展翅欲飞的七彩蝴蝶。就在这一刻孩子们兴奋极了,就是在那一瞬间,孩子们的成就感、胜利感一下子得到了满足,这就是游戏化展示所能达到的吧。

总之,游戏是幼儿最喜欢和容易接受的形式,游戏模式下的彩墨画教学可以让幼儿在解放天性的过程中获得满足感和愉悦感,是一种更加有利于幼儿发展的活动方式。

三、以游戏形式串联教学活动

小班幼儿的年龄特点就是爱玩、多动,喜欢新奇有趣的东西,在10月的素质教育活动中我发现孩子们非常喜欢玩泡泡,于是我就抓住了幼儿喜欢吹泡泡的这个兴趣点,设计了玩色活动——"好饿好饿的毛毛虫",让幼儿在吹吹、玩玩中体验美术活动的无穷乐趣,培养幼儿对吹画这一技能的初步感受。

整个活动以游戏形式串联,魔法棒变出棉花糖——喂毛毛虫吃五彩棉花糖——毛毛虫一觉醒来变成蝴蝶……快乐的游戏环节一环套一环,孩子们在轻松愉悦中获得成功。

第一环节引游戏,巧导入,从《好饿好饿的毛毛虫》绘本入手,让孩子看看、说说、讲讲自己的已有经验,导入活动内容,为后面的喂毛毛虫作好铺垫;第二环节趣游戏,妙材料,用新奇有趣的自制教具——吹管,来吸引幼儿,激发他们对游戏材料的探索兴趣;第三环节做游戏,奇玩法,幼儿通过自制吹管变出棉花糖的集体尝试,初步了解吹画的方法;再通过儿歌辅助以及师生之间、生生之间的互动玩游戏;第四环节用游戏,乐创作,孩子们在玩乐中变出各种口味的棉花糖,在玩乐中巩固吹画的方法;第五环节溯游戏,促情感,在毛毛虫变蝴蝶的游戏展示中,大胆地向同伴介绍自己吹的棉花糖,同时也感受帮助他人的快乐。

1. 引游戏,巧导入

以"好饿好饿的毛毛虫"为例,进一步阐述游戏模式如何实施。

在活动一开始,就出现了一只可爱的毛毛虫,和小朋友们打招呼。画面一变,毛毛虫用弱弱的声音说:"我的肚子好饿噢!我想吃东西,小朋友们,你们可以请我吃什么呢?"

孩子们自由表述自己的想法,这时多媒体会适时发出毛毛虫吃东西的声音和画面,毛毛虫慢慢变大。

形象有趣的游戏画面和声音一下子吸引了孩子们的兴趣,多媒体的"喂食"也让孩子初步感受到帮助别人所带来的快乐,引导着孩子们进入新的环节。

2. 趣游戏,妙材料

这一环节中,毛毛虫虽然吃了很多的东西,但是它还是没有吃饱,而且它提出了要吃水果味的棉花糖。这可怎么办?

教师出示材料——魔法棒,也就是用纱布和纸筒制作的吹筒,每个孩子一份。

教师问:"魔法棒怎样才能变出美味的棉花糖呢?"

孩子们立刻就各自拿起魔法棒开始探索"魔法"的过程,有的孩子拿起来放在眼睛上看来看去;有的孩子用力地甩着魔法棒;有的孩子放在嘴边用嘴巴去吹;更有甚者拿起魔法棒,学着小魔仙的样子,高举魔法棒在空中画圈,嘴巴里还说着咒语:"巴啦啦小魔仙,变、变、变……"

孩子们在玩乐中,探索着魔法棒的"奇妙"之处,在这个过程中虽然他们的方法没有变出棉花糖,但是他们依然快乐、执着地寻找破解"魔法"的方法。

3. 做游戏，奇玩法

我们事先用泡泡水和颜料调制成了制作棉花糖的另一个必要的道具——美味可口的"果汁水"。在给孩子们的魔法棒中，仅仅有一个纸筒上沾有"果汁水"，这一做法一是预设当一个幼儿成功时，可以让别人分享其成功的经验，让孩子们用游戏的方式实现生生互动，互相模仿，学会吹画的创作方式；二是让这一环节更加具有游戏的奇妙性，激发幼儿再游戏的兴趣。同时，儿歌的加入也更好地让幼儿在轻松有趣的氛围中学会了创作的方法。

4. 用游戏，乐创作

为了帮助毛毛虫快快地长大，"你们愿意变更多的水果味棉花糖吗"这样的提问立刻得到了所有幼儿的呼应，孩子们拿着"魔法棒"，积极地为毛毛虫变出又大又多，而且口味多多的棉花糖！

孩子们自由选择果汁为毛毛虫做棉花糖，有的棉花糖五颜六色，口味独特；有的棉花糖层层叠叠，造型奇异。可以看出孩子们个性张扬，心思巧妙，他们都在专心的游戏，认真的创作，创作出自己心目中毛毛虫最喜爱的棉花糖。

5. 溯游戏，促情感

"毛毛虫吃饱啦，谢谢你们！你给毛毛虫吃了什么口味的棉花糖?"幼儿自由地讲述自己的创作，有的是苹果味的棉花糖；有的是香蕉、葡萄味的棉花糖；有的是像七彩祥云一样的棉花糖……幼儿通过大胆、热情的讲述，他们的创作欲望得到了满足，他们的作品得到了肯定。

"毛毛虫吃了你们变的水果味棉花糖可开心啦，轻轻地闭上眼睛，美美地睡了一觉。""天亮了，哇，毛毛虫变啦！变成了什么?"（蝴蝶）

游戏在孩子们的创作中以一种出乎意料的美最终呈现，孩子们体会到了大大的成就感，也感受到游戏创作所带给他们的快乐和自豪感。

总而言之，游戏是幼儿的天性，幼儿在游戏模式下的彩墨活动中获得了满足和快乐。正如陈鹤琴先生说:"我们主张幼儿园应当采取游戏式的教学去引导儿童。"他主张在玩中学,因为玩是孩子学习的第一需要。运用游戏化的教学方式,提供游戏化的创作材料,采用游戏化的创作方法,使幼儿体验到彩墨活动的乐趣,调动幼儿参与的积极性和主动性,让幼儿身心得到全面发展。

> **温馨提示**
>
> 　　1. 游戏教学模式是为教学服务的,必须与教学内容密切相关。在设计游戏时,要充分考虑教学的重、难点和其他教学要求,围绕教学目的来设计游戏,不是为做游戏而做游戏。
>
> 　　2. 在教学过程中,教师的指导语言要更加贴近幼儿的生活,并富有童趣。
>
> (撰稿者:朱　萌)

现　场 4-1

好玩的哈哈镜

幼儿美术教育的价值在于激发情趣、激活兴趣,培养幼儿的创新意识,赋予幼儿满足感和成就感。幼儿美术教育崇尚的是儿童"自由的表达"、"创造性的表达"。而画画是幼儿表达自己认识和情感的重要方式,强调的是艺术活动对幼儿心理发展的影响。

在日常活动中,我们看到的人物都是对称、美丽的,孩子们的画也是千篇一律的"正常"的脸,而有些孩子的作品就显得很不一样,连他们自己都是画得不对称的,不美的,《3~6岁儿童学习与发展指南》艺术领域中提到:能用绘画、手工制作等表现自己观察到或想象到的事物,所以,结合主题我设计了这一节哈哈镜的活动,为的就是让孩子们感受不一样的美。

这是中班上学期的一个活动内容,活动目标是让孩子们在用拓印、撕贴的方法表现夸张脸部特征的过程中,感受变形艺术的特殊表现风格。基于幼儿的年龄发展特点,建议幼儿参加活动前有照过哈哈镜、玩过哈哈镜的经验,教师还要准备一些已经画好的变形的五官。

活动分为四个环节。第一环节,借助名画照片的形式帮助幼儿回忆着哈哈镜时发生的一些有趣变化,激发幼儿活动的兴趣,丰富幼儿的感知经验。第二环节,借助哈哈镜夸张的表情变化,大大冲击孩子的视觉感知,感受我们的五官可以变出各种滑稽的表情,鼓励幼儿对五官表达大胆的联想。这是本次活动的一个难点,教师应充分调动幼儿的积极性,激发幼儿的想象,充分肯定幼儿与众不同的想象。第三环节,幼儿自由创作,对于不够大胆的幼儿给予鼓励和支持。对有独特创意的幼儿给予及时的表扬。主要通过在幼儿实际操作时予以适时有效的引导。第四环节,首先肯定每个幼儿的作品,让幼儿获得成功后的愉悦体验,同时,鼓励每一个幼儿积极发现同伴作品中独特之处。自己变一变,感受变脸的乐趣。

1. 引游戏,巧导入

在活动一开始,出现一张变形的幼儿照片(现场的幼儿),夸张、变形的五官变化一下子就吸引了幼儿的注意。让孩子们猜猜照片中是谁,他的什么地方发生了变化,用游戏的口吻、夸张的照片,激发幼儿对人物变化的兴趣。让孩子们发现,哈哈镜可以让我们的脸变一变,让我们的眼睛、鼻子位置,嘴巴的形状变一变,变出各种滑稽、好玩的表情。

2. 趣游戏，妙材料

这时候出现在孩子们面前的是一张变形的自画像作品，请孩子们看看、猜猜，这张作品有什么有趣的地方，引导孩子们利用桌面上的材料——厚重的国画颜料、手工纸、勾线毛笔、教师提前准备好的一些不规则的五官……利用这些孩子们喜欢的、平时不会融合在一起的材料，创作作品，引导孩子们发现作画的方法。

3. 做游戏，奇玩法

"哈哈镜真好玩，让我们也来玩一玩，尝试用一些桌上的材料变出不同形状夸张的脸吧。""啪"、"啪"……孩子们嘴巴里发出"啪啪"的声响，尝试着用海绵蘸上厚厚的国画颜料在宣纸上拓印出各种不同形状，不同颜色的脸的轮廓。然后再用手工纸随便撕一块，用毛笔添画成眼睛、鼻子、嘴巴，横着、竖着、斜着放在脸的轮廓上，在变形的脸轮廓上大胆表现夸张的表情。

4. 用游戏，乐创作

艺术源于生活更高于生活，《3~6岁儿童学习与发展指南》中也提到要尊重幼儿自发的表现和创作，并给予适当的指导，鼓励他们为艺术活动积累经验和素材，比如说观察不同形式的脸、大胆的用色，等等。

因此，在幼儿创作环节中，我主要落脚在用拓印、撕贴的方法来表现夸张的脸。所以设计出"啪啪"拍轮廓，"撕撕"贴出脸的游戏方法。孩子们喜欢这种拍拍、撕撕、贴贴的方法，教师在幼儿创作时宜适时地表扬和鼓励，"哇，你方方的脸真是太有趣了"、"上下不一样的眼睛，真是好奇特啊"……鼓励的语言，放松的创作氛围，让孩子的作品更加奇异、独特。

5. 溯游戏，促情感

"哈哈，这么多搞怪好玩的表情，你的脸能不能试一试，变一变?"尝试让孩子自己表现作品中的表情，让整个活动达到高潮，孩子们的兴趣也是更加浓厚。接着，我们和孩子一起欣赏了大师们的自画像,让孩子们在欣赏中发现原来眼睛、鼻子、嘴巴不规则地组合在一起非常滑稽、搞笑,也可以表现出另一种不一样的美。

整个活动通过观看本班幼儿夸张照片——自制夸张的脸——欣赏艺术家的作品,让孩子由生活经验发现兴趣,再提炼升华到艺术创作,达到了《指南》艺术领域目标中所提到的感受艺术表现力这一点,孩子们的兴致也很高,这样的美术活动能更好地挖掘孩子的创造潜能,孩子们乐在其中,画面呈现也很棒。

(撰稿者:朱 萌)

现场 4-2

热闹的花园

《美育书简》中通过对游戏和审美自由之间关系的比较研究,首先提出了艺术源于游戏的观点,认为艺术是一种以创造形式外观为目的的审美自由的游戏,揭示了精神上的自由是艺术创造的核心。在这场艺术游戏中,幼儿是游戏中的主角,美术活动是幼儿自我表达的重要方式,美术欣赏活动是对自我创作的一种肯定。

开展美术欣赏活动前,活动的设计要更新观念,尤其是针对小班的小朋友,首先要把美术欣赏活动看作是一种游戏。游戏是幼儿最喜欢的活动,特别是小班幼儿,更离不开游戏。所以,创设一个良好的游戏环境对幼儿开展美术欣赏活动是非常重要的。

在玩色的个别化游戏中，我提供了一些手指印画的材料，发现幼儿对于直接用小手作画的兴趣非常高，同时在画画的过程中，发现他们都喜欢在纸上面随便的毫无规律的涂鸦，乐在其中。

那么，如何让孩子们无意的涂鸦变得更加的艺术化，我便在平时的碎片化时间内，给幼儿欣赏大师的名画作品，其中梵高画作中强烈的色彩、夸张的画法深得孩子们的喜爱。

本次活动主要目的是让幼儿尝试运用手的不同部位蘸印的方法，在快乐玩色的过程中，呈现出美丽的油画作品。活动分为三个环节：第一环节——小手变变变，让幼儿从手指到整个手进行自由玩色，引发幼儿发现一个手指、五个手指、手掌、手背、握拳都会让印染的形状发生变化。第二环节——小手来开花，在引导幼儿欣赏名师的作品后，鼓励幼儿尝试用小手开花，在板上玩出不同形状的花朵。第三环节——热闹的花园，小花园变成一整块的大花园，用视觉的冲击给予幼儿最好的鼓励和赞美。

1. 引游戏，巧导入

"你的小手会变魔术吗"、"我们的小手一起来变魔术好不好，1、2、3，变变变，小手变出螃蟹来……"活动一开始，用小手变魔术的游戏手段就深深地吸引了孩子们，一下子引发了幼儿游戏的兴趣。

2. 趣游戏，妙材料

在活动中，我们为幼儿准备了两次作画的材料，第一次只准备了一整张加厚宣纸、厚重的国画颜料（蜀红、藤黄、硃磦），让孩子们用手指、手掌、握拳等方式快乐地玩色；第二次准备了以绿色为主色调的加厚宣纸，请孩子们用手开出各种特色各异的花，这样的方式可以让其他的色彩在绿色的背景上更加凸显，让孩子有美的享受。

3. 做游戏，奇玩法

"我们的小手会在纸上变魔术呢。1、2、3，变变变，小手画出小点点"、"小手除了能画出小点点外，还能画出什么呀"、"小手的什么地方还能变？会变出什么来呢?"一层层的语言引导、一次次的快乐游戏，孩子们用小手快乐地在纸张上抹、点、画、印，用手的不同的部位变出不同的图形来，活动中孩子们不仅仅是通过手指点画，而是运用了自己的整只手在玩色，在玩玩、弄弄中拓宽了玩色的思路，颜料与手部充分接触，孩子们大胆地玩出不一样的效果，在最后的画面呈现上，也能看出，不同部位画出的效果也是不一样的。

4. 用游戏，乐创作

在整个玩色的过程中，插入了一段欣赏的环节，主要是为了让孩子们在视觉上发现花朵的颜色、大小是不一样的，通过这样的比较，让孩子们再次用手来探索，感知用手玩出色彩的不一样。孩子们有的用手掌开出了花朵的轮廓，用手指在轮廓上点上花蕊；有的用拳头开出了漂亮的郁金香……整个活动的过程都是以玩为主，幼儿从头到尾的积极性都非常高，他们热烈地参与其中，玩得不亦乐乎，让自己那一片绿色的草地开出形态各异、颜色鲜艳的花朵。

5. 溯游戏，促情感

一片草地、两片草地、三片四片……孩子们所有的作品汇聚在一起组合成一整片美丽的花园，教师还别出心裁地创造了一些有趣的画框，直接把作品呈现在画框里，艺术性一下子就增加了，孩子们看到的不再是零散的作品，而是一幅完整的图画，如此展现的形式让孩子们更加得开心、自豪，感受到了艺术的美感。孩子们通过用手的不同部位玩色，在玩得开心的前提下，最后呈现出一幅幅生动的画卷，在心理上得到了满足。

（撰稿者：朱　萌）

4-3 现场

牛奶变变变

《3~6岁儿童学习与发展指南》指出，美术是人类感受美、表现美和创造美的重要形式，也是表达自己对周围世界的认识和情绪态度的独特方式。

每个幼儿心里都有一颗美的种子。幼儿艺术领域学习的关键在于充分创造条件和机会，在大自然和社会文化生活中萌发幼儿对美的感受和体验，丰富其想象力和创造力，引导幼儿学会用心灵去感受和发现美，用自己的方式去表现和创造美。

小班的幼儿喜欢新奇有趣的东西，有一次，孩子在彩墨区域洗工具的时候颜色在水桶中的变化吸引了他们，有的孩子说："哇，颜色游泳好漂亮啊"，"颜色好像融化了"……于是，我就抓住了幼儿喜欢玩色的这个兴趣点，设计了这节活动，让幼儿在玩的过程中体验美术活动的无穷乐趣，以培养幼儿对色彩变化的感受力。结合小班孩子的年龄特点，以及美术区域活动中孩子最爱玩色，对于玩色已有一定的经验，在彩墨玩色区他们已经玩过滚弹珠、滴管画、拓印画、材料画；《指南》中也指出3到4岁的孩子经常涂涂画画、粘粘贴贴，并乐在其中。基于以上参考，活动主要让孩子在看看、玩玩的过程中感受颜色的奇妙变化。

这是小班下学期的一个活动内容，活动的目标是：在看看、玩玩的过程中感受颜料（食用色素）与牛奶融合的奇妙变化，并乐意根据色彩的形态变化展开简单的想象。活动准备有牛奶、颜料（食用色素）、抹布、棉签、视频、音乐、盘子、滴管、纸张（杯子、衣服、扇子、裙子、手套、袜子等），教师可以根据各班需要作调整。整个活动以看《彩色牛奶》绘本——引出绘画形式——观察想象画面——尝试玩色为主线,贯穿始终。活动共有3个环节。第一环节:绘本《彩色奶牛》的导入激发幼儿对变色的兴趣。第二环节:通过观察发现"变魔术"的方法,并想象色彩的变化。第三环节:在玩色的过程中感受颜色与牛奶融合的奇妙变化。最后生生互动将颜色变在纸上,并将活动迁移到生活中。

1. 引游戏,巧导入

以《彩色牛奶》为例,进一步阐述游戏模式如何实施。活动开始,ppt上出现了一只大奶牛,让孩子们看看、说说是什么动物并和大奶牛打打招呼。承接之前上过的小班玩色课《爱吃水果的奶牛》的故事情节,引出大奶牛的特殊本领:大奶牛会变出五颜六色各种口味的牛奶。以故事的模式引起幼儿的兴趣,将幼儿引入游戏的情景之中。

2. 趣游戏,妙材料

教师可以向幼儿提问:你们想不想也拥有这种神奇的本领?吊起孩子们的兴趣后,教师接着示范:在牛奶中滴入不同颜色的颜料,利用棉签等小工具摆弄颜料,使整个牛奶表面呈现绚烂的画面。在示范之前向幼儿提出观察的要求:请小朋友睁大亮亮的眼睛,看看牛奶是怎么变的?变出了什么?

在示范之后抓住玩色过程中的关键点向小朋友提问,总结他们的回答并给予提升:魔术师滴入了好几种颜料,然后用棉签带着颜料宝宝在牛奶中游泳,这边游游,那边游游,不仅把牛奶变成了彩色牛奶,而且还有各种各样的花纹噢。同时,引导小朋友观察变出的不同花纹和图案,给予小年龄幼儿以暗示。

在下一个操作环节之前,教师务必先向小朋友介绍玩色游戏中使用的不同材料:今天老师也给你们准备了材料,有滴管、颜料、棉签……今天你们都是小小魔术师,看看谁能变出各种颜色、各种花纹的彩色牛奶。介绍材料之后,紧接着向他们提出玩色要求:奶牛魔术师的好方法别忘记噢,要带着颜料宝宝在牛奶里到处都游一游,你就能变出一种特别的彩色牛奶啦。

3. 做游戏，奇玩法

教师问：你们想不想也来做一做魔术师，变出彩色牛奶呢？这时小朋友们都争相举手，跃跃欲试。

教师放手让每个幼儿自主创作，体验牛奶玩色。有的孩子一边玩一边发出惊叹的声音；有的孩子摆弄着不同的颜料，用小棉签作画；有的孩子和朋友一起合作，玩得不亦乐乎。在幼儿玩色过程中，教师注意观察：幼儿用材料体验玩色的兴趣（滴管、棉签）；幼儿能否用简单的语言表述自己的创作想象；提醒个别幼儿要有换色的意识。

4. 用游戏，乐创作

在玩色游戏结束后，教师拿出铅画纸，轻轻覆盖在完成的画作上，再轻轻将铅画纸掀起，画作就被保存在铅画纸上。小朋友看见了也纷纷学着老师的样子将颜色印在纸张上。在这里，教师可以先请个别幼儿尝试并演示，再集体尝试。在孩子们完整保存画作后请孩子作分享交流，说说自己的创意。

5. 溯游戏，促情感

教师可以在整个游戏环节结束后带领小朋友再一次回忆游戏是如何完成的，最后在 ppt 上显示颜料图案印在其他材料（如：布、杯子、扇子、衣物等）上的图片，进一步拓展幼儿对玩色的想象，也为之后在区角展开个别化学习作铺垫。

（撰稿者：朱梦佳）

牛奶变变变，孩子们在玩耍中自由创作。

现场 4-4

快 乐 捉 迷 藏

《3～6岁儿童学习发展指南》中指出，中班幼儿可以运用绘画、手工制作等表现自己观察到或想象的事物；而教师也要创造机会和条件，支持幼儿自发的艺术表现和创造以及提供丰富的便于幼儿取放的材料、工具或物品，支持幼儿做自主绘画等艺术活动。

基于《3～6岁儿童学习发展指南》的要求以及实际情况：有些小班也许没有正式开展过国画活动，只是参观过哥哥姐姐画国画，班中孩子对国画还是比较陌生，作为进入中班后的第一个国画活动，主要还是以激发兴趣，体验毛笔作画的乐趣为主。所以配合主题，我设计了"捉迷藏"这个国画活动，在整个活动中还是以游戏为主，并在游戏中潜移默化地渗透活动内容，这样，孩子们会更乐于参与和尝试，在画画、玩玩中体验画国画的乐趣，为今后的国画活动打下良好的基础。

这是中班上学期的一个活动内容，活动的目标是：1. 尝试用毛笔蘸墨画短曲线；2. 体验和妈妈一起做游戏以及帮助他人的快乐。活动准备有：墨、毛笔、旧报纸、装水的瓶、添画用的宣纸等，教师可以根据各班需要加以调整。

整个活动以捉迷藏的游戏导入——引出绘画形式——观察想象画面——尝试利用中锋作画，贯穿这一主线。第一环节引出课题，创设情景，激发兴趣。以捉迷藏的游戏导入激发幼儿拿起毛笔作画的兴趣。第二环节幼儿与教师共同尝试，学习用毛笔蘸墨画短曲线。第三环节幼儿练习，进一步掌握用毛笔蘸墨画短曲线的技能。最后结束活动,体验做游戏以及帮助他人的快乐,并将活动迁移到生活中。

1. 引游戏,巧导入

以国画《捉迷藏》为例,进一步阐述游戏模式如何实施。活动开始,教师以捉迷藏的游戏为载体,引出毛毛虫妈妈和毛毛虫宝宝正在草地上捉迷藏的游戏情景,教师可以适当向幼儿提问关于捉迷藏游戏的玩法,在诱发幼儿游戏兴趣的同时为之后的毛笔中锋作画作铺垫;同时,教师可以事先准备好画好的毛毛虫妈妈以节约课堂时间。

2. 趣游戏,妙材料

教师可在活动前向幼儿介绍本次游戏中需要使用到的各种材料,铺垫必要的彩墨画尝试,也是为未来彩墨画的开展作铺垫。例如,介绍笔宝宝的外形特征、使用方法、使用时的注意事项等。同时,在活动过程中要提示幼儿正确的运笔姿势和身体姿势。

3. 做游戏,奇玩法

教师可以向幼儿出示背景画,告诉幼儿原来毛毛虫宝宝躲在草地里,我们一起去把它们找出来。现在请毛笔宝宝来帮忙,毛笔宝宝在草丛里走呀走,找到了弯弯的毛毛虫宝宝,接着教师示范:在背景画上示范用中锋画短曲线。在示范之前向幼儿提出观察的要求:请小朋友睁大亮亮的眼睛,看看变出了什么?是怎么变出来的?示范的同时向幼儿介绍所需材料及其特性,补充幼儿对国画基本常识的认识。

教师也可以根据各班实际情况请个别幼儿尝试用中锋画短曲线,即毛毛虫。

在示范之后抓住玩色过程中的关键点向小朋友提问,总结他们的回答并给予提升:在画毛毛虫时要用毛笔轻轻蘸墨汁,同时毛笔宝宝要站起来。

4. 用游戏,乐创作

之后,就到了幼儿集体尝试游戏作画的环节,教师可以提醒幼儿自由选择草地去找毛毛虫并鼓励幼儿大胆尝试,提醒幼儿毛毛虫的身体要弯弯的,细细的。在幼儿操作过程中教师注意观察幼儿的作画情况：幼儿蘸墨的情况；幼儿是否把毛笔宝宝竖起来，用中锋画短曲线。

在整个国画活动中，还是以游戏为主，不过分强调技能的掌握，让幼儿在游戏中学画。对于这种形式，孩子们还是很愿意接受的。活动中幼儿的想象力还是很丰富的，在展示幼儿作品时，很多孩子能说出自己的毛毛虫宝宝躲在哪里，是怎么找到的，语言表达也比较完整。但由于年龄特点，幼儿小肌肉群发育迟于大肌肉群，手的精细动作发展比较差，因此，画画时很多幼儿握笔姿势不正确，用中锋画毛毛虫时笔宝宝老是要躺下来，会导致毛毛虫都画得很粗。

5. 溯游戏，促情感

在幼儿操作之后教师以游戏情景的语言带领幼儿展开交流：宝宝们，你们快来呀，毛毛虫妈妈在叫你们呢。告诉毛毛虫妈妈，你们是怎么找到她的宝宝的。在与幼儿交流之后，教师作最后的总结，结束课程。

（撰稿者：朱梦佳）

第 5 章　竞赛模式：有趣有规则的赛本领长知识

竞赛模式，概括地说就是采用比赛形式，激发幼儿的表达表现欲望，在活跃的氛围、动静交替的师生互动、生生互动中表达表现。有趣激情的竞赛感贯穿于整个教学活动过程中，有设计、有生成的竞赛规则也贯穿始终。作为一种教学策略与方法，它针对具体教学目标，结合特定教学内容，在教学中采用竞赛的方式，创设你追我赶的教学情景，采用生动有趣的活动形式，组织全体幼儿的操作活动，深受孩子们喜欢。

现场 5-1
林中漫步

现场 5-2
神奇的嘴巴

现场 5-3
有趣的文房四宝

现场 5-4
奇妙的冷暖色

一、幼儿与竞赛有着天然的联系

幼儿天然地喜欢竞赛。竞赛中的 PK 感很能激发幼儿的表达表现欲望,丰富幼儿的想象力和创造力,用积极的情绪和自己的方式去表现和创造美,也符合《指南》中艺术领域的要求。竞赛能激发幼儿对艺术的感受和理解,通过情绪表达自己对艺术的认识,儿童的竞赛情感也有别于成人。他们独特的竞赛体验也会产生独特的笔触,竞赛中的动作、语言往往也蕴含着丰富的想象和情感,而竞赛也能够很好地调节活动气氛,将活动气氛推向高潮。教师对幼儿的竞赛要根据不同年龄段特点有预设有生成,不能用自己的胜负标准去评判和鉴定,竞赛的兴趣和动机的激发在幼儿的学习中至关重要,竞赛模式营造了积极的心理氛围,让幼儿在活动中敢于并乐于表达表现。

彩墨画教学中运用不同的竞赛形式可以将重复多次的绘画内容变得自然有趣,改善幼儿的学习心理。因此,我们采取竞赛模式的核心就是要激发幼儿参与的兴趣。

1. 竞赛有利于集中注意力

竞赛的形式可以使幼儿活动的注意力更集中,可以丰富幼儿感官体验,提升幼儿的思维能力和想象能力,适度的竞赛可以提高活动效率,个别动作慢的幼儿也能在竞赛中加快速度,个别表现欲望不强烈的幼儿也能在积极的情绪感染下大胆表达。在这样的条件下,教师将"知识"传授给幼儿,幼儿也就更容易接受和吸收。

2. 竞赛有利于活跃氛围

竞赛可以产生轻松愉悦的感觉,进而活跃气氛,在这种气氛中,幼儿都精神振奋,积极地转动小脑筋,努力争取提问和回答问题的机会,在这种主动积极的状态下,幼儿的潜力就能得到充分发挥,获得高质量的学习效果。彩墨活动一开始,幼儿往往还没有进入状态,兴致也不高,教师采用小小竞赛的形式可以瞬间集中幼儿的注意力,通过竞赛,幼儿的兴奋点就会不知不觉地转到学习上来。

3. 竞赛有利于吸引幼儿参与

通过竞赛,教师可以直接将幼儿吸引到活动中来,锻炼他们的观察、记忆、思维、想象等能力。而这些能力会直接影响彩墨学习的效果。比如,在《青蛙接力赛》活动中,教师将班级幼儿分成6组,看在规定时间内哪组幼儿画的青蛙又多又好。这种竞赛大大激发了幼儿学习的积极性,同时,也让彩墨技能更易于被幼儿接受和掌握。这种形式具有童趣,寓教于乐,是幼儿所乐于参与的。

4. 竞赛有利于激发竞争意识

随着时代发展,竞争意识也是必不可少的。在竞赛中,每个幼儿都急速地开动脑筋,尽力做到最好,以求自己或者本组能得到好成绩,这种竞赛可以培养幼儿不服输,敢于向困难挑战的精神,同时也培养了幼儿的竞争意识。

5. 竞赛有利于培养团队精神

团队精神是指一种团结一致、互帮互助,为了一个共同的目标坚毅奋斗到底的精神。竞赛模式中教师有意识培养孩子团结协作,为了集体的荣誉而努力的精神。比如,将孩子分成几个小组,选择需要互助合作才能完成的游戏让孩子比赛,比赛结束后分析获胜和失败的原因。当然,在培养幼儿团队精神的同时,也培养了幼儿的爱心、责任心以及合作意识。

总之,竞赛教学不仅把幼儿引入"乐学"之门,除了美术水平的提升,美感的提高,还锻炼了他们的综合能力,培养了幼儿的竞争、团结的精神,这是一种值得广大老师推广的教学方法。

二、将教学与竞赛结合在一起

竞赛模式到底是怎样将教学与竞赛结合在一起的呢？从实践操作角度看，竞赛模式主要有四个环节。

（一）设情景，激思维

此环节主要目的是激发幼儿的学习兴趣、启迪幼儿的思维，这种开场小竞赛、小困难、小悬念可以激发幼儿的学习兴趣，促使他们积极地动脑。

（二）说方法，定规则

竞赛模式很重要的一个环节便是规则的制定，由于年龄段不同，规则制定的难易程度以及由谁来制定规则都需要参考《指南》、《纲要》等工具书中的年龄段特点和目标。特别是大班幼儿的竞赛，要关注趣味性和挑战性。由于是彩墨活动所需要的竞赛，教师心中要装有竞赛的目的（即艺术领域的目标），竞赛是载体，切不可本末倒置。活动中定规则的时间要有预设，这个规则是否能为目标服务，规则由老师定还是交给幼儿定，这些都需要在备课时思考。

（三）分小组，赛合作

竞赛离不开闯关、小组竞赛、个体 PK 等，其特点是要求幼儿的反应能力迅速、准确。通过小组合作等，不仅可以培养他们的团队意识，在手脑并用的同时还能快速呈现新学的绘画内容和巩固曾经学过的知识。这种也是一种展示性的合作，借助幼儿的好胜心，激发幼儿的学习兴趣。

（四）夸作品，展风采

这个环节接近幼儿，有他们自己的或团队的作品，因此具有很强的参与性，幼儿有话可说。如小班幼儿夸夸自己的作品，比比谁说的理由多。中大班幼儿还能夸夸别人的作品,或者辩论等,竞赛形式多样。

总而言之,在具体实践中,可以用于教学的竞赛方法很多。这需要喜欢竞赛的老师去寻找、去发现,然后试着在教学中运用。相信很快老师就能体会到竞赛给教学带来的巨大改变。

三、在竞赛中激发幼儿参与

在活动中,如果能适当地增添各种类型的竞赛,就会吸引幼儿的注意力,有助于提升活动效果。但是,实践也证明,并不是在任何时候运用竞赛模式都能产生好的教学效果。那么,如何在活动中有效地实施竞赛模式呢?接下来以彩墨活动"画长城"为例,进一步阐述竞赛模式如何实施。

老师在设计和实施竞赛模式时要有拓展性。大班幼儿特别喜欢竞赛,但更喜欢由自己主宰的比赛。如果老师对活动控制得太紧或者太松,都会影响效果。因此,老师可以与幼儿协商或者共同设计竞赛方案,充分尊重幼儿的观点和兴趣。这种设计更容易被幼儿接受,幼儿更能够理解并乐于参与,而且也不会出现讲不清游戏规则或者幼儿不爱参与的问题。如大班《我是中国人》主题下《画长城》这个竞赛模式活动,用彩墨形式合作绘画长城,并通过自我评价加强幼儿对自己的作品的认可。

1. 设情景,激思维

在活动一开始,教师请幼儿看看班级的环境墙,并直切主题的告诉幼儿我们的长城损坏了,需要大家一起合作来建长城。可是,所有的人挤在一起修长城也不行呀,这就激发了幼儿的思维,幼儿会有各种分组的方法。在这个过程中幼儿阐述自己的分组理由,大家一起讨论说说哪种分组比较合理,不仅巧妙地将幼儿分成了若干组,也锻炼了幼儿的逻辑思维和语言表达。(前期教师为幼儿提供两个大版面,教师也省去了环境布置的时间。)

2. 说方法,定规则

请幼儿小组内讨论怎样的长城牢固美观。商量后每组推选代表来说一说自己小组的观点,各小组幼儿代表轮流说,每说出一种理由得一分。这个环节是梳理绘画的步骤和方法,是为后面绘画长城作铺垫的,同时也是一种竞赛。(大班幼儿不仅要清楚表述,还要倾听其他小组的观点并用符号等记录。)

3. 分小组,赛合作

幼儿根据前面自己小组记录的说明书开始创作,有的在宣纸上画长城轮廓线条,有的用毛笔刷起颜色来,有的小心翼翼地在画长城脚下的大树,有先有后一派繁荣的景象。这个过程中教师在各小组间来回指导,同时每队一名幼儿负责记时和提醒。到了大班,幼儿的时间管理是很重要的,因此,在制定竞赛规则时就要规定完成作品的时间,超时直接为失败,在竞赛中也培养了幼儿的时间观念。

4. 夸作品,展风采

大班幼儿对辩论赛已经有了一些经验,在这个环节中,对自己小组的作品做个评价对他们来说不是什么难事。每队推选出一名最佳辩手来介绍自己小组的作品。教师在这个环节中也要鼓励幼儿欣赏其他小组的作品。在辩论竞赛中将活动推向高潮,同时也是自说自画的另一种表现形式。

总而言之,竞赛模式是提高教学质量的好形式,哪个环节用,如何用,值得不断探索。

温馨提示

1. 老师在设计竞赛时,一定要注意不能让竞赛与现实生活脱节,要给幼儿正确的指导,而不能就竞赛论竞赛。

2. 竞赛也需要与时俱进。不能每次彩墨活动都"玩"一种竞赛,也不能总是玩那些老掉牙的竞赛。因为,有些竞赛已经不能提起幼儿的兴趣了,甚至会让他们有厌烦的感觉。

(撰稿者:潘丹丽)

5-1 现场

林 中 漫 步

天气渐凉,秋季已经来到,大自然中的小生命都在发生变化。随着"有用的植物"主题的开展,秋游时,孩子们对地上的落叶有了兴趣:有的黄、有的绿,有的又黄又绿又红……孩子们觉得非常的漂亮,有的想捡几片带回家贴在墙上,有的想把喜欢的树叶藏到自己的小箱子里,还有的把树叶向上一抛,想看看小树叶落下来的样子。

秋天的树林是美丽的,怎样表现秋天的树林呢？幼儿在集体活动或个别化活动中大多运用的表现方式是蜡笔画、水彩笔画、剪贴画等。大班幼儿对浓淡墨已经有了熟悉的认知,但在运用上还有所欠缺,较多幼儿在淡墨上进行勾勒会出现问题。本次活动除了熟练应用浓淡墨,还要体现出树木的远近关系、树木的分布,这对大班上的幼儿是有挑战的。

本活动共分四个环节:第一环节:设情境,激思维——欣赏《秋天的树林》图片,感受树林的层次感。第二环节:说方法,定规则——讨论国画树林画法。第三环节:分小组,赛合作——长卷画创作《林中漫步》。第四环节:夸作品,展风采——欣赏长卷画《林中漫步》。活动目标是观察树的基本结构及形态,学习用国画中浓淡墨的方式表现树林的层次感;尝试合作长卷画,感受秋天树林的独特美。活动重难点在于学习用国画中浓淡墨的方式表现树林的层次感。

大班孩子在合作中绘画

一、设情境，激思维——欣赏《秋天的树林》图片，感受树林的层次感

1. 出示荒芜的平地，引发幼儿帮助的愿望。

关键提问：世界上有的地方是一片荒芜的，经常会有沙尘暴、暴风，你们有什么方法帮助它们吗？看看谁想的办法多。

幼：可以种很多很多的树。

2. 出示秋天的树林图片，幼儿欣赏。

教师：秋天到了，这是什么地方？（树林）

关键提问：这张图给你什么感觉？

幼儿：我觉得秋天的树林很美丽，我走在树林里会觉得很舒服。

3. 请幼儿说说秋天树林及树的特点。

教师引导观察树的形态（如高低、粗细），观察树颜色的深浅（包括树枝和树叶的颜色），树的远近（树枝的起点位置）。

关键提问：请你们仔细观察树的特点，看看谁的眼睛最亮！（记分制个人PK）

幼：有的树的树叶颜色深，有的树叶颜色淡。

（教师在黑板上用记分制的方法记录幼儿回答正确的数量）

小结：树枝的颜色有深浅，树叶也有浓淡，有的密、有的疏，有的甚至已经没了。

二、说方法，定规则——讨论国画树林画法

1. 欣赏国画作品《秋天的树林》。

关键提问：怎样用国画来表现树林呢？

（以正反方辩论的形式展现）

正方：我觉得可以用中锋画树干，侧峰画树，颜色鲜艳才好看。

反方：我觉得可以试试看用淡墨和浓墨来画，也会很好看的。

2. 教师边讲解边局部示范画一棵树的方法。

今天我们用浓淡墨的方法来画树林。

A. 浓淡墨的调色方法：浓墨直接蘸墨水就可以画出；调淡墨要先将笔沾水，用笔尖蘸浓墨，在瓷盘上拌一拌，将水分稍弄干即可；还想再淡点的话再沾下水，捻一捻即可。

B. 用浓淡墨画树干的方法：用大毛笔蘸重墨从下至上侧锋画主干，引导发现表现的方法，树杆——树枝——树叶。

3. 请个别幼儿示范画一棵树（重点引导幼儿画树枝的方法，引出高低、浓淡、疏密）。

三、分小组，赛合作——通过合作，创作长卷画《林中漫步》

1. 幼儿依次站于长卷画一侧，合作绘制树林。

教师：请你们分成两组，合作完成一幅作品，注意每组要先商量，画出不一样的风格。

2. 教师巡回指导，适当帮助个别能力较弱的幼儿，重点引导幼儿对浓淡墨的运用及和旁边小朋友间树林的衔接。

四、夸作品，展风采——互相点评，欣赏长卷画《林中漫步》

将长卷画作品展示于墙面上，供幼儿相互欣赏、讨论。

两组幼儿互相评论。

关键提问：请你们欣赏一下对方组的作品，说一说你觉得他们作品中最棒的地方和可以改进的地方。

（撰稿者：李欣玥）

现场 5-2

神奇的嘴巴

线条是最基本的绘画造型元素，它既可以表现静态的轮廓，也可以表现动态的韵律。中外艺术家们通过对线条的灵活运用，刻画鲜明生动的形象，从而抒发自己的情感，线条在艺术作品中具有独特的魅力。大班上学期的幼儿对彩墨画中的中锋和侧峰已有一定的经验。但在彩墨活动中尚缺乏欣赏设计、讨论评价、创作互评这样的机会，本次活动通过轻松灵活的小组竞赛、置换、方位逆转，有意识的培养幼儿感知、思考、探索、评价的能力以及发散性思维，使幼儿体验到彩墨设计艺术的乐趣。

在绘画基础上的活动，更注重培养幼儿的观察能力，使幼儿体验发现嘴巴的变化与情绪的关系，同时也提升幼儿用语言表达设计意图的能力，提高艺术创作的持久兴趣。

这是大班上学期的一个内容，活动目标是：复习中锋和侧锋，引导幼儿在

孩子展示自己的作品

观察、讲述嘴巴的基础上用彩墨画画出嘴巴的基本特征与不同造型,发展幼儿细致的观察力。启发幼儿通过置换、方位转换等方式在嘴巴原型上创造想象,发展想象力、创造力及美术表现力。同时,在活动中培养幼儿与同伴协商、合作的能力。重难点是:置换、方位转换。整个活动分四个环节。

一、设情境,激思维——赛观察,赛表达

1. 出示水墨画嘴巴图片,谈话引题。

关键提问:我们每个人都有一张嘴巴。嘴巴有什么用?(说话、吃东西等)

2. 嘴巴是人身上不可缺少的一部分。(观察嘴巴图片)

关键提问:嘴巴到底是什么样的呢?请你们观察一下旁边的小朋友,然后来告诉大家。

(幼儿相互观察后回答嘴巴的基本特征,如两片嘴唇、唇线形状、中锋线条等)

指导语:

(1) 看看嘴巴有哪几部分组成?(幼儿回答后请出小朋友指给大家看,下同)

(2) 上唇线和下唇线的线条一样吗?上唇线看起来是什么线条?下唇线呢?

(3) 嘴唇上有什么线条?是短的线还是长的线?用怎样的笔锋来画?

(4) 显示多媒体图片。

小结:嘴巴有上下两片嘴唇,上嘴唇像一条波浪线,中间凹进去形成一个三角。下嘴唇由一条长的弧线组成。嘴巴轻轻地闭合,当中可以再画一条线将上下两片嘴唇分开。

二、说方法，定规则——小组竞赛，说说做做

1. 嘴巴可神奇了。我们的心情不一样，嘴巴的形状也会不一样。
2. 我们今天来猜一猜，赛一赛，看看哪组能猜的对，分成四组，每组一名发言者。
3. 播放第一张嘴角向上翘的微笑嘴巴。

关键提问：这是一张怎么样的嘴巴？嘴巴里露出了什么？

4. 继续播放照片，依次有撅起的嘴巴（生气）、歪嘴巴、吐舌头的嘴巴、舔舌头的嘴巴、舌头歪一边的嘴巴、挂下来的嘴巴（哭）、成圆形的嘴巴、张开的大嘴巴（哈哈大笑或打哈欠）等。

关键提问：猜猜他在干什么或心情怎么样？他的嘴形是怎么样的？（更换发言者）

小结：原来人的表情不一样，嘴巴也会有不一样的造型。

三、分小组，赛合作——画一画，变一变

1. 嘴巴真的很神奇，可以变出不同的造型。我们也来变一变。
2. （幼儿变造型）我觉得你们的嘴巴也很有趣，很想把你们的嘴巴画下来。教师请一名幼儿当嘴巴模特。

关键提问：他的嘴巴是什么样子的？

3. 教师用彩墨画形式将它画下来，边画边讲述观察的方法。
4. 请你们也来画一画小朋友的嘴巴，好吗？左右两人成为一组，一人当嘴巴模特，

一人当小画家,画下模特的嘴巴。看看哪组的嘴巴最有特色?

5. 幼儿分小组作画,背景音乐起。

6. 教师观察指导直到大部分幼儿完成。

7. 拿出其中一张画:你们觉得它像什么?可以变成什么?(幼儿想象讲述)然后教师将画翻转方向想象。

8. 教师取出不一样的一幅画,用同样方法引导幼儿想象并讲述可以变成什么。

9. 接下来我们就将嘴巴变变变,变成各种有趣的东西,好吗?

要求:同样是两个人合作,这回是两个人一起画,不过画之前两人要想好可以变什么,然后用最快的速度将它画下来。看看哪一组想法最奇妙,合作得最好,画面干净,还要画得快。

10. 幼儿将画取回想象添画,教师个别指导。(背景音乐起)

四、夸作品,展风采——一起来投票

1. 你最欣赏哪个小组的作品?请一组幼儿展示两人合作的作品,并挑选自己想欣赏的小组。

关键提问:你看到了哪些亮点,请你说一说。

2. 投票评一评。

哪幅作品是人气大奖?(评价依据:幼儿贴星最多)

哪个组合是爱欣赏小组?(评价依据:能看到别人作品的优点)

(撰稿者:潘丹丽)

现　场 5-3

有趣的文房四宝

水墨画也叫中国画，是我国的传统绘画，也是我国特有的艺术表现形式，国画的内容一般反映了中华民族意识和审美情趣，国画可以陶冶一个人的情操，提高审美能力，但是现在的孩子这方面接触太少。

《幼儿园教育指导纲要》中指出，发展幼儿绘画时，用不同的材料绘画，培养孩子对绘画的兴趣，提高孩子的审美能力，我园在彩墨画课程特色的背景下，深入挖掘水墨画活动对幼儿发展的价值，引导幼儿观察发现，初步了解国画，让幼儿学会运用国画语言表达自己的思考，在过程上使它真正发挥其"艺术语言"的功能。让幼儿体验绘画的兴趣，在快乐轻松的学习中，培养幼儿的审美情趣。

这是大班上学期的一个活动内容。本活动共分四个环节：第一环节：设情境，激思维；第二环节：说方法，定规则；第三环节：分小组，赛合作；第四环节：夸作品，展风采。活动目标是初步了解文房四宝，知道中国书画离不开文房四宝——笔墨纸砚；激发幼儿对水墨画的兴趣，感受水墨画的美感。

相互竞赛、合作,让活动有规则有趣味

一、设情境,激思维——参观书画王国,引出文房四宝

边听古典音乐边参观书画王国,引发幼儿兴趣。幼儿自由欣赏,初步感受书画美。

关键提问:你在书画王国里看到了什么?

幼:我看到了中国画。

师:我们欣赏了这几幅非凡的字画,你们知道它们叫什么吗?(中国书画)

关键提问:它们用的材料是我们中国人发明的,如果想要写出或画出这些漂亮的中国书画需要哪些材料呢?我们来玩抢答的游戏,看谁举手的速度最快!1,2,3,开始!

幼：笔、墨、纸、砚。

小结：原来想要写出或画出这些漂亮的中国书画需要笔、墨、纸、砚。

二、说方法，定规则——了解文房四宝

过渡：笔墨纸砚在一起有一个很好听的名字叫文房四宝，它是我们中国人发明的。

孩子们看大屏幕，我们一起来了解什么是文房四宝。（观看文房四宝课件）

师：文房四宝指笔墨纸砚，老师还有许多有关文房四宝的问题没有弄明白。孩子们你们能帮助老师去寻找答案吗？

关键提问：你们觉得怎样才能又快又准确地找到答案？

预设：我们可以分组去找。

追问：怎么找？

幼：先选出一个小组长，然后大家一起去看资料。

三、分小组，赛合作

请你们分成毛笔组、宣纸组、墨砚组分别去寻找答案，然后一起共享你们找到的答案，看看哪组找到的答案又准确，速度又快。

（幼儿分组观察文房四宝实物，交流与家长一起收集到的资料）

1. 毛笔上的毛是用什么做的？（动物的毛做成，笔头有兔毫、狼毫、羊毫等，用竹子做成笔杆）

2.宣纸和我们普通的画纸有什么不同？（宣纸薄薄的、软软的、轻轻的，有很强的吸水性）

3.墨是什么颜色的？用它怎样才能磨出墨汁？（墨是黑黑的小棒，只有跟它的好朋友砚台一起才能磨出黑黑的墨汁）

4.砚台是用什么做的？用来干什么？（石头做的，用来研墨）

四、夸作品，展风采——欣赏水墨画

刚才我们认识了文房四宝，用文房四宝画出的画叫中国画，也叫水墨画。

师：2008年北京奥运会开幕式中有一个节目叫"画卷"，演员们用手臂代替毛笔，向全世界的人们展示了一幅精彩的水墨画。我们一起来欣赏一下（欣赏奥运会开幕式视频片段）。

师：这几幅是你们之前画的作品，请你们来投投票，你最喜欢哪幅作品？说出你的理由（幼儿自主选择喜欢的作品，站在作品后面）。

（撰稿者：李欣玥）

现场 5-4

奇妙的冷暖色

色彩是彩墨画的基本要素之一,在彩墨绘画中占有重要位置。中班的孩子虽然已认识并能辨别颜色,但他们在活动中并不在意颜色,作品的色彩大都单调,换色较少。中班的孩子自我意识还较强,在绘画过程中会有特别偏爱的颜色,时常使作品色彩杂乱和不协调,因此,我根据本班幼儿的实际情况,把色彩作为本次彩墨画活动的内容,选择了美术欣赏活动"奇妙的冷暖色"。

《3~6岁幼儿学习与发展指南》中指出:在欣赏自然界和生活环境中美的事物时,关注其色彩、形态等特征。也就是说,教师在设计活动时要贴近幼儿的生活,在生活中寻找色彩,我以幼儿生活中熟悉并常见的太阳、冬天的景色为切入点,通过小组竞赛形式,帮助幼儿感受冷暖色带给人的不同感受,更好地认识理解冷暖色对画面的作用。从而充分激发幼儿对色彩的兴趣。

这是中班下学期的一个内容,活动目标是:了解冷暖色系的特点,体验冷暖色带给人的不同感受。重、难点是:区别冷暖色,体验冷暖色给人的不同感受。本次活动选用了梵高、莫奈的画作,在两种截然不同的色彩对比中,孩子们会感同身受,同时根据幼儿喜爱竞赛游戏,喜欢挑战的特点,利用小组合作,培养他们的团队意识,在手脑并用的同时,还能快速呈现新学的内容和巩固曾经学过的知识。这也是一种展示性的合作,借助幼儿的好胜心,激发幼儿的学习兴趣,将整个活动分四个环节。

展示奇妙的冷暖色

一、设情境，激思维——出示课件，引导幼儿观察

1. 今天，老师带来了一幅画，大家看看画的是什么？太阳是什么颜色的？

关键提问：太阳照在我们的身上有什么感觉？引导幼儿用动作或词语表达。

小结：这幅画用红、橙、黄色来表现太阳，这些颜色叫暖色，看了以后让我们觉得很温暖。

2. 现在请小朋友看看这幅画（冬天的景象），画的是什么季节？

关键提问：图上有什么颜色？看了这幅画后你觉得怎样？

小结：这幅画用白、蓝、绿色来表现冬天，这些颜色叫冷色，看了以后让我们觉得比较冷、比较安静。

二、说方法，定规则——了解玩法

玩法：老师这里有两块图形一样、颜色不一样的拼图（冷色、暖色），我们分成两组来玩一个比赛叫"暖色调和冷色调"，比赛规则是将暖色调拼在一起，将冷色调拼在一起，比比哪个组拼得快、拼得对。

游戏规则：（1）14个人，自主分成两组，7人为一组。

（2）商量合作分配，按照颜色一起拼图。

（3）比比哪组拼得又对又快。

三、分小组，赛合作——小组竞赛，按冷暖色拼图，巩固认识

1. 小组合作拼图

教师巡视：关注幼儿对色块的了解，以及小组的合作分配能力。

2. 每组推荐一个孩子说说自己的组里的拼图颜色，每说对一种颜色得1分。如果说错不得分。

关键性提问：暖色调里有哪些颜色？

冷色调里有哪些颜色？

小结：红色、黄色、橙色这些颜色属于暖色；蓝色、绿色、紫色这些颜色都属于冷色。

关键提问：胜利的一队说说，你们是怎样胜利的？怎样合作的？

小结：两个人先将冷暖色分开，第三个人将同一色调的拼在一起，这样就快了。

四、超级辩论赛——名画欣赏，PK 说说画中什么地方运用了哪种色调

1. 玩法：刚才我们认识了暖色和冷色，现在我们分两组来玩 PK 赛，老师带来了两幅莫奈的画，两组轮流说出画中哪个地方用了什么色调？说对一个得一分，比比哪组找到的最多，老师作记录。

游戏规则：（1）仔细观察画面。组里的人员可以相互商量。

（2）轮流请组里的一个幼儿来讲，别人说过了就不能说了。

（3）说错不得分。

2. 两组有序 PK 赛，说对得一分，说错不得分。

3. 比赛结果公示，表扬得胜的一队，鼓励另一队继续加油。

小结：今天找到了很多的颜色，以后，我们可以用这些冷色或者暖色来画画了。

（撰稿者：侯雅红）

第6章　展示模式：用画作表征学习的奥秘

展示模式是以"展示"为手段，通过画作呈现的方式来激发幼儿的学习内驱力，鼓励幼儿想表现、爱表现、乐表现的一种教学方法。展示能够满足幼儿的表现欲，也是激发学习内驱力的最好手段。作品的呈现，是教师了解幼儿学习情况的直接途径，高效的学习离不开展示模式。通过展示活动，可以体现幼儿在学习过程中的思想、思路、方法。

现场6-1

奇妙幼儿个人绘画展

现场6-2

快乐"六一"绘画展

现场6-3

小手牵大手，共筑大家庭

现场6-4

当彩墨遇到创意美术

一、展示是生命成长的基本形式

展示,作为一种学习方式,不断出现在课堂教学、教学文献和教育媒体中,受到人们广泛的关注。《3~6岁儿童学习与发展指南》提出:幼儿喜欢艺术活动并大胆表现,具有初步的艺术表现与创造能力。展示便是幼儿表现自我的一种渠道。

3岁以后,幼儿自我意识开始萌芽。幼儿在教学中想表现、爱表现和乐表现的行为,体现了幼儿自我意识的发展,也是幼儿表现欲萌芽的显现。而表现欲是学前儿童积极的心理品质,因此,在这一时期要为幼儿创造展示的机会和平台,支持幼儿自发的艺术表现和创造,这对幼儿自我意识的发展具有积极意义。

1. 展示是激发幼儿主动学习的契机

展示,是人性的基本需求,是人的基本权利,是生命成长的基本形式,也是学习的有效途径。我们可以借助学前儿童想表现、爱表现、乐表现的心理,开发其潜能,这是顺乎人性、顺应规律的表现。一个人要想在众人面前表现自己,就必须有自己要表达的内容,要想得到别人的认可,就必须学会展示。因此,展示是激发幼儿主动学习的契机。

2. 展示是一种活跃的学习方式

在彩墨画展示活动中,可以在幼儿创作后将所有作品呈现出来,教师请幼儿介绍自己的作品,引导幼儿与幼儿之间互相讨论。这种展示模式加强了师生互动、生生互动,活跃了活动的氛围,激发了幼儿学习的主动性,是便于幼儿接受和掌握彩墨画的一种方式。

3. 展示是反馈幼儿学习情况的手段

展示即发表、暴露、提升,通过作品展示,暴露幼儿彩墨画学习过程中的思想、问题与方法,提升幼儿的作画技能和欣赏水平。

彩墨画的展示模式活动中,我们采取展示的方式,将作品呈现在全体幼儿面前,不仅可以展示好的榜样,还能够暴露出幼儿在操作中存在的问题,教师就能知道幼儿真正的学情,就可以明确如何为幼儿搭建脚手架。因为,只有知道了如何点拨,才能为幼儿进一步的合作与探究提供可能。因此,展示也可以说是一种重要的反馈、评价手段。

总而言之,展示作为彩墨画学习的一种方式,是激发幼儿主动学习的契机,是一种活跃的学习方式,是反馈幼儿学习情况的手段。

二、让学习成为"看得见"的展示

在彩墨画教学中,单纯的说教无法调动幼儿的积极性,久而久之,再生动的课堂也会淡然无味,只有多元化的展示模式才能让平凡的活动精彩纷呈。从实践操作的角度,展示模式主要有五个环节:定主题,清目标;选作品,明架构;布展示,置环境;引学习,促共享;述想法,得提升。

1. 定主题,清目标

开展彩墨画展示活动之前,根据彩墨画活动的不同主题和内容,制定出活动计划和详细方案,明确展示活动目标。

例如:在我园六一亲子彩墨画画展活动中,我们确定了亲子同参与、共进步的主题。通过本次画展活动,不仅使幼儿与其父母在绘画的过程中有更多的语言交流,促使父母与幼儿关系相处更加融洽、协调，还可以帮助幼儿学习更多的彩墨画作画技巧和方法，增加家园互动，促进家园共育。

2. 选作品，明架构

根据画展活动的主题和目标，有针对性地对作品作甄选、归类汇总，进一步明确画展活动的框架和脉络。

六一亲子画展活动前，我们请各班级通过家园联系栏、海报、家校互动、个别家长约谈等方式，向家长宣传活动的开展情况和要求。同时，家教负责人还联系了附近的社区人员，邀请他们一起参加本次彩墨画画展活动。幼儿的作品以班级为单位收集，社区人员作品由家教负责人员收集，最后对作品主题归类整合。

3. 布展示，置环境

《幼儿园教育指导纲要》中明确提出："环境是重要的教育资源，应该通过环境的创设和利用，有效地促进幼儿的发展。"在幼儿园的彩墨画活动中，环境作为一种"隐性课程"，在激发幼儿的主动性和创造性方面发挥着积极的作用。环境布置主要分为主题环境、班级环境、校园环境、社区环境的布置等。

例如：在六一亲子彩墨画画展活动中，我们邀请了幼儿、家长、教师、社区人员一起布置画展活动。在园内张贴了本次活动的活动流程和彩墨画简介，同时，还展示一些优秀彩墨画画作供家长和幼儿欣赏。

4. 引学习，促共享

展示活动对展者和观者都具有积极的作用。对观者来说，可以从其他幼儿作品中学习作画的技能技巧，了解作者的作画思想；对展者来说，可以与别人共享自己的作画心得，也是一种互相学习、共同进步的过程。

在画展活动中，参展人员可以为自己喜爱的作品投票，活动中家长和幼儿除了可以参观自己班级的作品外，还可以欣赏其他班级和社区人员的作品，与他们一起交流作画心得和技巧。有家长表示在画展活动中学习到了很多彩墨画的知识，受益匪浅；有社区的爷爷奶奶把自己的票投给了小朋友，还现场展示并讲解作画手法。这种展示性评价模式，实现了幼儿与作品、教师与幼儿、幼儿与幼儿之间三个方面的评价。

5. 述想法，得提升

活动最后，参展作者介绍自己的作画思想和内容，其他参展人员可以互动交流，大家在讨论中同学习、共成长。我们还在现场准备了作画工具，参展者可现场演示，观展者也可现场体验作画乐趣。

总之，在彩墨画展示中，我们根据展示活动的主题、目标，制定活动方案，选取符合画展主题的作品布置环境，引导幼儿在展示活动中分享学习，共同成长进步。

三、以展示升华教学活动

星华幼儿园坚持"笔墨中融入爱和快乐，画面上彰显美和智慧"的课程价值引领，引导幼儿浸润"彩墨画"的学习。幼儿园开发《彩墨飞舞，炫彩墨年》园本课程，根据幼儿年龄特点系统设置课程内容。

为庆祝我园成立十周年，2016年，我园举办了"我与星华共成长"特色课程展示活动，以本次园庆活动为例，设计了五个环节：第一环节为定主题，清目标；第二环节为选作品，明架构；第三环节为布展示，置环境；第四环节为引学习，促共享；第五环节为述想法，得提升。

1. 定主题，清目标

活动分为内场展示和外场展示两部分，其中外场亲子绘画展示为"墨飞色舞、墨韵生活、我与大师做朋友"主题。通过彩墨画特色课程展示活动，回顾我园彩墨画特色课程开设至今一路走来的艰辛历程，与大师一起体验彩墨画的韵美。

欣赏是艺术活动必不可少的环节，大师作品的欣赏能够激活孩子潜在的艺术灵性，让孩子感受大师的作品，了解大师的故事、大师的思想，让孩子们的灵魂与大师的灵魂碰撞，去领悟艺术的真谛，从而自由地创作，体验作画的乐趣。同时，幼儿充满奇思妙想的画作完全不逊色于大师作品，儿童有着与生俱来的艺术直觉，他们对世界名画会有一种本能的感应，这种感应甚至超出成人的想象。有不少西方美术大师如克利、米罗、毕加索等曾向儿童学习。儿童是大师之师，同样，大师也是儿童之师，大师与儿童可以互为老师。

2. 选作品，明架构

我们选择了孩子们容易接受的大师作品，比如吴冠中、齐白石的作品，又或者是国外的蒙德里安的作品，这些有趣、诙谐、夸张的画面正是幼儿喜爱的。让孩子从大师的艺术精神及作品中汲取营养，借鉴大师的画法、构图、设色，然后像大师一样自由地绘画，更好地表现自己的生活，表现自己的所思、所想、所见，这就是"站在大师的肩膀上"绘画。所以，幼儿创作的作品中，很大一部分都和这些大师的作品相似，我们老师尊重孩子与生俱来的潜能和艺术直觉，鼓励幼儿展开自由、充分的想象、再造和创造。

展示作品由教师作品和幼儿作品两部分组成，作品有本园近几年幼儿优秀获奖作品，也有教师获奖作品。各班级老师推荐出本班级优秀作品或历年获奖作品，武千璋教授还对参展作品提出了宝贵建议。在展示过程中，有专家指导，也有教师、家长的合作参与，他们为制定课程评价标准作出了重要贡献。

3. 布展示，置环境

展示地点设在嘉定区江桥镇社区文化活动中心，我们邀请了幼儿、家长、教师、社区人员一起布置本次画展活动。我们根据社区地理位置，充分利用走廊资源优势，整个环境我们以大师作品作为背景，错落有致地悬挂在走廊两侧，入口处摆放电子屏幕，屏幕中展示着大师的作品，幼儿可以与之互动。一旁还有点读笔使用说明，便于参展者了解想要了解的内容。

幼儿借助颜料丰富的色彩,通过对辅助材料的操作大胆地创作,艺术性地再现生活情趣。画展根据幼儿年龄特点划分区域。小班:以玩色为主,如手印画、手指点画、蔬菜印画、玩具印画、吹画、刷画、滚画,等等。中班:以工艺品为主,如扇子画、伞画、树根画、木头画,等等。大班:呈现的内容就更多了,有大师作品的临摹、幼儿作品的展示、写生、临摹、京剧脸谱绘画,等等。每个区域都布置有现场作画的地方,家长们也积极响应,与孩子们一起参与到画展的布置活动中。

4. 引学习,促共享

孩子们在活动中有一些自由创作的机会,他们非常的专注、尽兴。自己玩色、自己涂鸦、临摹大师的作品等。虽然有几名孩子临摹的是相同的一幅画,但画的各不相同,不同的色彩,不同的构图,千姿百态,毫无雷同。孩子们还将自己所画的内容以录音笔的形式记录下来便于参展者了解作品的内涵。本次展示活动受到了幼儿、家长和社区人员的积极响应。参展者不仅欣赏到了本园优秀的彩墨画作品,还现场观摩了小画家们的创作过程,耐心地倾听他们的创作手法和思路,现场还有家长忍不住和小画家们一起合作画画。大家一起轻声交流、分享着对参展作品的想法,感受着彩墨画的韵美和智慧。

5. 述想法,得提升

只要给孩子更多的创作机会,孩子与大师的距离近了,在大师的潜移默化中,艺术营养会慢慢浸入他们的身体,并使他们受益终身。久而久之,彩墨画对发展幼儿的注意力、提高观察力都起到了重要的推进作用,提高了我园两纲教育、素质教育的实施成效。活动中我们请现场作画的幼儿讲述自己的创作思路,我们还有幸请到了武千璋教授,与参展人员积极互动,为他们解疑答惑。

总而言之,在我园彩墨画特色课程展示活动中,教师、家长和社区人员进一步了解了我园的办园特色,幼儿也在活动中学习到了更多的作画技能技巧,充分体现了展示模式在幼儿学习中的有效运用。

> **温馨提示**
>
> 　　1. 展示前，根据展示要求，结合幼儿的年龄特点和已有前期经验，提炼出展示活动鲜明的主题和清晰的目标，保证幼儿有明确的创作方向。
>
> 　　2. 展示中，根据展示活动的框架结构，有选择性、针对性地筛选展示作品。展示的作品应该是能引发幼儿思考，给予幼儿启发和正能量的作品。
>
> 　　3. 展示后，幼儿自身在观察力、创造力、注意力、创作技巧、认知等方面应该有所提升或有新的感悟。
>
> （撰稿者：叶雪梅）

现　场　6-1

奇妙幼儿个人绘画展

　　彩墨画是我园的一大特色，我们不仅有专门的彩墨画课程，每个班级有彩墨画区域，同时，努力为孩子搭建展示的平台。个人彩墨画展示就是其中的一个，楼梯、画廊、大厅都是最佳展示区，平时我们把孩子的作品保存好，等轮到的时候就把他们的作品展示出去，每个孩子在我园学习的三年中都有一次展示的机会。每一次展示我们都会把每一张画拍下来,记录孩子成长的点点滴滴。

《3~6岁儿童学习与发展指南》提出:"幼儿喜欢进行艺术活动并大胆表现,具有初步的艺术表现与创造能力。"展示能激发幼儿的兴趣,也是幼儿表现自我的一种渠道。

3岁以后,幼儿自我意识开始萌芽。幼儿在活动中想表现、爱表现和乐表现的行为,体现了幼儿自我意识的发展,也是幼儿表现欲萌芽的体现。在这一时期,支持幼儿的艺术表现和创造,对幼儿自我意识的发展具有积极意义。

在彩墨画教学中,展示是孩子们学习与交流的一次很好的机会,作品中呈现的多元化的元素都是大家相互学习的契机。有的小朋友用树叶来作画、有的则添加了纸工,让作品更显得美丽大方,有的配上了剪纸,更让作品生机盎然。

1. 定主题,清目标

我们每周有小朋友的个人画展,每班一个幼儿,每次十二幅作品。第一幅是个人的照片和自我介绍,接着就是绘画作品展,每次的主题不限,作品的内容不限,也可以利用辅助材料来完成作品。如:猫头鹰,可以利用废旧的纸片制作猫头鹰的羽毛,其他部分用水彩画上去,这样的作品立体感强,有新意。孩子们可以在老师的引导下,大胆创作,自由发挥!

活动目标:(1)通过画展培养幼儿对绘画的兴趣,运用多种材料作画,发展幼儿的想象力和动手能力,感受身边的艺术之美。(2)弘扬民族文化,提高幼儿鉴赏美、创造美的能力,使幼儿园彩墨画的文化氛围不断增强。

展示区域划分:小班是东面楼梯;中班是西面楼梯;大班是大厅。

2. 选作品,明架构

根据画展活动的目标,老师引发幼儿展开想象的翅膀作画,特别在选材、色彩的搭配上下工夫,使作品更完美、精湛。

一幅作品,一个故事,这又是我园的一大特色。每幅作品上都有一张醒目的小标签,打开录音笔对上小标签,它会给你讲述一个有趣的绘画作品故事,表达了小作者的心声。

最后老师会有针对性地对作品作甄选、归类汇总,进一步明确画展活动的框架和脉络,使作品变得更精彩、更有意境。

3. 布展示,置环境

《幼儿园教育指导纲要》中明确提出:"环境是重要的教育资源,应该通过环境的创设和利用,有效地促进幼儿的发展。"在幼儿园的彩墨画活动中,环境作为一种"隐性课程",在激发幼儿的主动性和创造性方面发挥着积极的作用。所以,每次个人的画展我们老师都很有创意,大厅、走廊、屏风等都是展示的最佳区,美丽的画展给幼儿园增添了一道亮丽的风景。

4. 引学习,促共享

每次个人画展对展者和观者都具有积极的作用。对观者来说,可以从其他幼儿作品中学习作画的技能技巧,了解小作者的作画构想,因为每一幅作品都有孩子们的心声,观者能随时打开录音笔听到一个个有趣的图画故事;对展者来说,与别人共享自己的作画心得,也是一个互相学习、共同进步的过程。

5. 述想法,得提升

在一周的展示活动中,小作者可以利用放学的时间向其他家长、小朋友介绍自己作画的过程、感受以及作品的思想和内容。参展人员可以互动交流,大家在讨论中同学习、共成长。

个人彩墨画展示不仅能提高孩子们对绘画的兴趣,更能提高孩子们的民族文化素养,在孩子们的绘画创新活动中更上了一层楼,画展也得到了许多专家的好评,家长的认可。

路漫漫其修远兮,吾将上下而求索!在彩墨画的道路上我们任重而道远,但我们一定以个人画展为契机,让每个孩子展示自己的光芒,从而使每个孩子都拥有最幸福的童年。

小荷才露尖尖角,花蕊点点悦人心!

(撰稿者:陆秀华)

现场 6-2

快乐"六一"绘画展

"六一六一,大地穿上花衣,小朋友们手拉手,庆祝自己的节日……"每当"六一"来临时,小朋友们都兴奋不已,因为这是他们自己的节日。为满足孩子们的需求,渲染节日的氛围,我们都会根据幼儿的意愿搞一些难忘而有意义的活动。由于我园的特色是彩墨画,为此,我们这次开展了别开生面的"六一"绘画展示活动,结合"创卫生之城,从我做起"的理念,主题是"小手牵大手,共创文明城"。通过活动向家长宣传"创卫生之城,从我做起"的理念,让家长了解在创造卫生城市中孩子们的所思所想,思考作为家长的我们应该做些什么,从而为创建嘉定卫生之城贡献我们的绵薄之力。同时,让我们家园携手,使我们的孩子更健康快乐地成长!

1. 明主题目标

这次的画展每个孩子都参加,每人一幅作品,主题就是:小手牵大手,共创文明城。中大班幼儿可以自己发挥，自由想象。小班幼儿因年龄的特殊性，所以，作品以玩色为主，用色彩诠释嘉定的新面貌。

本次画展的场地在三楼的平台，按年龄段分为三个区域，每幅作品上都有我们小朋友讲述的故事，只要你打开每个班级的录音笔，再对上号就能听到小朋友们的心声。

展示的时间：2017年6月1日放学时间，每个家长带着孩子按指示标志参观画展。

活动目的：让家长了解创建文明之城是我们每个嘉定人应尽的职责，我们应该做孩子的榜样，让我们的城市变得更美好。通过活动加强家长与孩子之间的情感交流，提升幼儿对美好事物的感知，体验艺术活动的美好过程，充分感受"六一"彩墨画活动给我们带来的快乐。

2. 画主题内容

根据画展活动的主题和目标，小朋友可以在老师的引领下发挥自己的想象大胆创作，老师还会在材料、用色方面作进一步的指导，使作品更丰满、美丽，更突出了我们的生活环境和孩子们的美好愿望。

3. 布主题环境

这些作品都是很宝贵的幼儿成长札记，应该成为我们幼儿园一道亮丽的风景。于是，根据画展的分布图，每班老师逐一精心地布置。老师们都非常心灵手巧，有的直接布置于墙壁上，有的展在屏风上，很巧妙地设计了一个参观的进程方案，以保证画展的有序开展。

4. 促学习分享

展示活动对展者和观者都具有积极的作用，更激发了幼儿对绘画的兴趣，锻炼了幼儿的想象力、创造力，为他们提供了一个自我展示、锻炼的机会。同时，家长在与幼儿共同参观中也增进了亲子间的情感，体验到创作的快乐、节日的快乐。

5. 获经验交流

在浓厚的艺术氛围中，全园三百多名幼儿通过画展展出了自己的得意作品。"小手牵大手"，孩子们兴高采烈地带着家长参观了自己的作品，家长们通过小小的智能录音笔认真聆听着孩子们作品中的故事。主题画展让家长们了解孩子丰富多彩的内心世界，从另一个角度欣赏孩子们的绘画作品，而孩子们也获得了满满的成就感，变得更加自信。活动中孩子们的交流使大家对彩墨画有了新的认识，更有了新的提升。

"六一"亲子绘画展让孩子们收获了快乐，收获了对彩墨画的兴趣，更推广了优秀的民族文化，"六一"不仅是孩子们的节日，也是我们共同的节日！

（撰稿者：陆秀华）

现场 6-3

小手牵大手，共筑大家庭

"家"是一只船，承载着我们的梦想；"家"是一棵树，为我们遮挡风雪和严寒；"家"是一盏灯，给我们光明和温暖。上海市学前教育课程目标之一就是"体验并认识人与人相互关爱与协作的重要与快乐"。近期，大班、中班、小班分别接受《我是中国人》、《我爱我家》《娃娃家》等主题教育，它们的主题核心经验就在于爱祖国、爱家乡、爱家人情感的激发和体验。主题活动的开展离不开家长的支持和配合，只有构建和谐的家园互动平台才能更好地共育孩子，帮助孩子更加全面的发展。为了增进家园沟通，进一步做好家园共育工作,在国庆来临之际,我园将举行"小手牵大手,共筑大家庭"亲子绘画活动。活动分为五个环节。

一、定主题,清目标

举国上下齐欢畅,家和国盛万事兴,携手联欢迎佳节,拥抱祖国庆国庆。在举国欢庆时刻,我们"星幼"以幼儿全面发展为本,继承和弘扬民族文化精髓,提升幼儿欣赏美、表现美的能力为目标,举行"小手牵大手,共筑大家庭"亲子绘画活动。通过画展可以让家长欣赏孩子们的绘画作品,帮助家长们了解孩子们丰富多彩的内心世界,让家长们更能理解孩子,也可以指导家长们和教师一起保护好孩子们的想象力和创造力。画展活动可以培养孩子们对绘画艺术的兴趣,在园内营造一个浓厚的艺术氛围,帮助幼儿树立自信和成就感。小班绘画主题:《小手大手画》,亲子用自己的一双手在画纸上印上最美的画;中班绘画主题:《我爱我家》,亲子联手在T恤上描摹自己温馨的家;大班主题:《美丽的家乡》,几对亲子在长卷上合作描绘自己的家乡!

二、绘作品,明架构

现场绘画场地分配:小班亲子——操场跑道处;中班亲子——幼儿园大厅前的操场处;大班亲子——操场西面处。

在绘画活动中,孩子们利用老师准备好的绘画工具,和爸爸妈妈们一起拿着画笔,兴致勃勃地投入到绘画中,调色、勾线、绘画,作画形式各不相同。整个过程,孩子们的参与度非常高,每对亲子根据自己组的主题,展开想象,绘制出了一幅幅各具特色和想象力的画,画展中的校园充满欢声笑语。

三、布展示,置环境

作品布置的场地:小班——东楼梯和西楼梯;中班——亲子穿上T恤衫站在幼儿园门厅的台阶上;大班——幼儿园大厅四周墙壁。

《幼儿园教育指导纲要》中明确提出:"环境是重要的教育资源,应该通过环境的创设和利用,有效地促进幼儿的发展。"小班幼儿能和爸爸妈妈一起将作品布置在楼梯的墙壁上给了孩子们很大的鼓励,同时,也激发了幼儿的自信心,提高了幼儿的动手操作能力。中班幼儿更是自信满满,穿上亲子绘制的T恤衫在"舞台"上走时装秀。大班幼儿手拿录音笔,几位同伴一起将自己绘制的作品编成一段话、一个故事讲给大家听。"星幼"这个大家庭给了孩子们这样一个大舞台,让孩子们大展身手,展示了自己,也布置了"家"的环境。

四、引学习,促共享

在浓厚的艺术氛围中,全园三百多名幼儿和家长通过画展展出了自己的得意作品。"小手牵大手",孩子们兴高采烈地带着家长参观了"星幼"这个大家庭的作品,家长们站在孩子的立场,用"童眼"去欣赏,用"童话"去表达,用"童耳"去倾听,大家认真欣赏、聆听着孩子们作品中的故事。主题画展让家长们了解孩子丰富多彩的内心世界,从另一个角度欣赏孩子们的绘画作品,而孩子们也获得了满满的成就感,变得更加自信。

五、述想法，得提升

绘画是孩子们非常喜欢的活动，通过小小的一幅画可以解读出幼儿丰富的内心世界，帮助我们更加了解孩子。此次活动的开展，增进了幼儿园和家长之间的联系和沟通，促进了家园共育，同时还增进了亲子感情，也为"星幼"孩子们的童年生活镌刻下温馨美好的一页！谨记：让我们俯下身来倾听孩子的心声，发现他们美的创造。

（撰稿者：叶雪梅）

现场 6-4

当彩墨遇到创意美术
——中班幼儿迎新画展

彩墨画是我园的特色课程，从小班起，幼儿在老师的指引下，以兴趣为前提，开展了丰富多彩的彩墨画系列活动。在这个过程中，幼儿逐渐喜欢上了彩墨画。

在艺术的大家庭里，儿童创意美术因为能体现儿童独特想法、开阔儿童思维，有利于培养儿童主动思考的能力，逐步受到教育工作者的青睐。园领导、教师们充分认识到创意美术给幼儿带来的深远影响,将彩墨画与创意美术两者结合,达到相辅相成的效果。一年多来,中班的幼儿在体验的过程中获得感悟,因感悟而创作,因创作而怡然自得,自信提高了,变得开朗了,对艺术的追求变得更加强烈。

2019年的脚步近了,幼儿又将长大一岁,用画展为自己献上成长的礼物,让画展成为连接起家庭和校园的纽带,让家长走进彩墨画课程,走进幼儿的心灵世界,让彩墨画走入更多的家庭,引起家长们的共鸣,使家长们和我们一起保护好孩子们的想象力和创造力,也让幼儿获得更多的自信和成就感。

兵马未动,粮草先行,老师们分五步完成了画展,主要有:定主题,清目标;选作品,明架构;布展示,置环境;引学习,促共享;述想法,得提升。

一、定主题,清目标

开学以来,中班组陆续开展了《我爱我家》《周围的人》主题活动,经过一系列的集体活动、个别化活动,幼儿了解了人体的基本部位,也能用笔和线条表现人的基本结构。根据幼儿已有的主题经验和生活经验,制定了活动计划和详细方案,明确了展示活动目标。

活动通过彩墨与创意美术相结合的方式,将传统与现代相融合,借鉴名师名画,充分发挥幼儿创作的主体性,激发幼儿创作的欲望,在传承的基础上自由发挥,激发幼儿内在情感的感性部分,培养其创造力与个性,启迪心智。

二、选作品,明架构

我们选取了幼儿熟悉的人体、五官、房屋以及喜爱的雪人作为创作的内容;在使用的材料方面,选择了生活中常见物品——纸,主要材料除了铅画纸、卡纸等常用纸,还有牛皮纸、瓦楞纸、餐巾纸、广告纸、硬板纸等纸种,辅助材料也有毛茛、活动眼睛等材料,多种类的材料满足不同幼儿的需求;在作品的创作方式上,根据材料的特性,结合了刷、喷、卷、折、撕贴等多种方式;在作品的色调方面,绚丽多彩的背景与颜色较单一的主体在视觉上形成强烈对比,运用反差突显主体。

没有了一如既往的形状,没有了常规的涂色,创作变得更加大胆,更加真实,播撒在幼儿心中的种子萌芽了,思维的火花绽放了,创作也变得更加快乐。

三、布展示,置环境

为了让全园的幼儿、家长进一步了解我园的艺术课程,感受我园的艺术氛围,我园将画展地点选在了本园人员最密集的一楼大厅,来园、离园时幼儿和家长都可以有足够的时间反复地参观画展,品味每一幅画的味道。

画展以班级、内容来划分区域:主要有以画和拼贴表现人身体动作的长卷;以丰富色彩为背景,体现江南水乡建筑特色的拼贴画;以人的头部为特写的想象撕贴画;还有以体现冬季季节特征的可爱雪人撕贴画。

在布置画展的时候,幼儿也积极地参与进来,包括每幅画张贴的位置、空间布局,无一不体现了幼儿的想法。幼儿在老师的指导下创作、布展,真正展现了小主人的风采。

四、引学习,促共享

本次展示活动得到了家长、幼儿的积极响应,在幼儿创作的过程中,老师充分利用了家长资源,通过家园共育的模式,引导家长参与到作品的创作中,尤其是前期幼儿思维、经验的铺垫,作品的诞生不仅是幼儿学习的过程,也是每个家庭共同学习的结果。

作为指导者的教师,在幼儿创作的过程中,给予幼儿充足的创作空间,因此,虽然作品的材料类似、内容相同,但每幅画的背景色彩不同,构图不同,参观者从作品中仍可以解读到每一位幼儿的思想,了解他们对万千世界的见解。

各班的家长们在参观的过程中,不时驻足停留,对小画家们的作品和作品中蕴含的想法点头称赞,纷纷表示幼儿园的彩墨画课程对幼儿是全方面的培养,此次参观对自己也是一次艺术的熏陶。

五、述想法,得提升

人生来都是艺术大师,每一位幼儿都是艺术天才,秉承"尊重、公平、公正"的理念,幼儿园为每一位幼儿搭建展示的平台,鼓励幼儿继续彩墨画创作,提升幼儿对彩墨画的兴趣,进一步推动校园特色课程的发展,引领每位幼儿走上彩墨画艺术之路。在画展中,我们收获了肯定、鼓励,也获得了来自多方的宝贵建议,为校园的特色课程锦上添花。

对外,幼儿画展展现了幼儿园的特色课程,体现了园所的教育理念,可以为课程的发展方向、课程的突破指引方向;对教师,是一次新的锻炼,在解读幼儿、指导每一次的彩墨画教学中变得更加有执行力;对幼儿,是一次自信与勇气的积累,是自我价值的提升,能让他们在彩墨画的道路上走得更远,我们也将坚定不移地在展示的道路上走下去。

(撰稿者:翟华萍)

孩子们展示自己的作品

第 7 章　生活模式：将身边熟悉的事与物融入学习中

生活是幼儿学习的内容与契机，是促进幼儿身心发展的关键经验和环节。教学走向生活，将身边的人、物、材料、情境等贯穿于整个教学活动过程中，以生活中常见的材料为绘画工具，以生活中的情景为绘画场景开展教学活动，熟悉的事物能激发幼儿对活动的兴趣，而兴趣和动机的激发在幼儿的学习中至关重要。因此，将生活融入学习是课程的必然选择和发展趋势。

现场 7-1
可爱的小鸡

现场 7-2
美丽的鱼

现场 7-3
美味的枇杷

现场 7-4
顽皮的七星瓢虫

一、生活无时不含有教育的意义

生活是体现人类所有的日常活动和经历的总和。生活中熟悉的人、事、物很能吸引幼儿进入学习情境,生活模式符合幼儿的学习特点——需要有丰富的生活经验为基础。熟悉的事物能激发幼儿对活动的兴趣,而兴趣和动机的激发在幼儿的学习中至关重要。因此,将生活融入学习是课程必然选择和发展趋势。

陶行知指出:"生活教育是生活原有、生活自营、生活所必需的教育。教育的根本意义是生活之变化。生活无时不变,即生活无时不含有教育的意义。"陶行知从而提出"生活即教育"、"社会即学校"、"教学做合一"的生活教育理论。因此,我们的生活教学模式的核心就是学习源于生活并回归于生活。

1. 以丰富幼儿的日常经验为基础

熟悉的日常环境有助于幼儿运用已有的知识获取更深刻的感知,并在彩墨画中表现出更多的自主性,如果远离经验幼儿就会在大多数问题、信息、思考中依赖教师。生活经验是幼儿美术创作的基础,它在幼儿的成长过程中起着事半功倍的作用:是幼儿美术作品的来源,同时,也能提升幼儿的思维能力和想象能力,让他们的思维更加细腻准确,情感更加丰富多彩。通过生活,能展现幼儿的内心世界、促进幼儿思维的发展,同时生活也是幼儿感知社会的重要手段。因此,生活教学模式特别适合幼儿园的教学。

2. 以探索日常生活场景为绘画契机

杜威认为,对儿童来说经验比知识更有生命价值,经验总是先于知识、先于价值判断、先于分析思辨,却能促进知识的生成和教育的养成。基于唤醒幼儿生活经验的情景教学法是课堂教学生活化的重要表现形式,这就要求教师要创设与绘画内容相适应的具体场景氛围,引起学生的情感体验,激发幼儿的学习兴趣,帮助幼儿快速准确地理解所学内容。

3. 以生活化的语言为指导方法

将一些幼儿听得懂的生活化的语言融入彩墨画的教学中,较多地运用一些叠词、象声词等,如毛笔宝宝口渴了(蘸墨汁),擦擦小嘴吧(捺笔),毛笔宝宝洗个澡(洗笔),相对来说生活化的形象的语言更适合小班幼儿和新接触彩墨画的幼儿。

彩墨教学的生活模式活动中,教师将所要完成的目标通过设置熟悉的生活场景,运用熟悉的生活物品来吸引幼儿的注意力,激发他们的学习兴趣,最终让幼儿很自然、有效地达成目标。

二、开启幼儿认知世界的大门

生活是幼儿学习的内容与契机,是促进幼儿身心发展的关键经验和环节。一般地说,它通过熟悉的的场景、熟悉的人物,熟悉的绘画工具来帮助幼儿进入彩墨画情景中去,并在熟悉的人、事、物中更快、更有效地达成目标。从实践角度看,生活模式主要有场景生活化、人物生活化、材料生活化三个部分。

1. 场景生活化

根据彩墨画活动的目标,选择恰当的生活场景设计教学活动。

如:在大班彩墨活动"堆雪人"中运用魔术"下雪啦"的情景引发幼儿回忆起冬天与小朋友一起堆雪人、打雪仗的场景来展开活动。主要目的是引导幼儿尝试用国画的方式表现合作堆雪人的场景,感受冬天堆雪人的欢乐。老师并不是一上来就出示一些堆雪人的图片给幼儿观察,而是自制人造雪,给幼儿创设一个真实的玩雪、堆雪人的生活情境,幼儿三三两两合作堆雪人,边游戏边观察同伴是怎么堆雪人的,堆雪人需要哪些工具,想想自己准备给雪人穿什么样的衣服。在这情景感受中幼儿绘画堆雪人的欲望呼之欲出,生活情景的再现引起幼儿绘画的欲望和激情,一幅幅雪人图展现在眼前。

2. 人物生活化

将生活中熟悉的人与彩墨绘画相结合,用中锋、侧锋、浓墨、淡墨等将人物的姿态、外形、五官、服饰生动具体地展现出来。

例如:在大班彩墨画活动"孝心"中,教师通过引导幼儿专注细节上的观察——爷爷奶奶的外貌、衣着、动作来提升幼儿的绘画技巧,而后,又再赋予情境展示孝心,凸显人物的不同动作形态。绘画中融入教师的情景性指导语来引导幼儿对于细节的观察:

师:爷爷的头发是什么颜色的?

幼:黑黑的,有点白。

师:怎么画出来呢?

幼:我先画黑墨,上面再加点白色。

师:原来你用了浓墨加白色的方法表现爷爷年纪大!

师:你奶奶最喜欢穿什么颜色的衣服?

幼:格子的,有小花的,蓝色的……

师:爷爷在干什么?

幼:给小花除草。

师:弯下腰,草除得更干净噢。

3. 材料生活化

让幼儿利用熟悉的、随处可见的、随处可拿的材料大胆创作,呈现作品,表达自己的创意。

例如:在小班"好饿的毛毛虫"活动中,老师提供了生活中常见的卷筒纸芯。先让幼儿玩纸筒:"这些纸筒可以怎么玩呢?"幼儿玩色时老师再次引导:小小魔术棒——

拿起魔术棒；喝口果汁水——蘸上颜料；呼呼呼，用力吹——对准管子用力吹；棉花糖，变出来——吹出泡泡。幼儿在宣纸上大胆、随意吹画，最后通过毛毛虫变蝴蝶的展示方式感受帮助他人的快乐。

生活是幼儿开启对世界认知的大门，是通向社会的必要途径。从教学模式的角度看，生活模式有以下几个环节：引生活，玩游戏，促兴趣——从幼儿熟悉的生活场景或人和事为切入点引发幼儿的兴趣；现生活，赋情景，冶情趣——在活动中再现生活场景，可以利用图片或者请人员的原型，布置相似的场景都可以赋予幼儿一定的情趣；乐生活，深参与，出方法——让每个幼儿都有参与的机会，彩墨画的绘画技能渗入其中；画生活，得作品，谈感受——幼儿在情景中绘画得到满意的作品，可以自由交流绘画中的感受，情感进一步得到升华。

三、让幼儿融入熟悉的生活情境中

这里有一个案例，冬季孩子们最喜欢的游戏是堆雪人、打雪仗，这对他们来说是非常熟悉和喜欢的生活场景。结合幼儿兴趣，老师设计了本次活动，引导幼儿初步运用浓墨与淡墨组合的方式表现合作堆雪人的不同姿态。

这里，教师设计了以彩墨活动表现合作堆雪人的场景，采取生活模式，共有四个环节：第一环节为引生活，玩游戏，促兴趣；第二环节为重点环节，即现生活，赋情境，冶情趣；第三环节是乐生活，深参与，出方法；第四环节为画生活，得作品，谈感受。

以彩墨画《堆雪人》教案为例，进一步阐述生活模式如何采用。

1. 引生活，玩游戏，促兴趣

在活动前引导幼儿回忆以往堆雪人、玩雪时的情景，从而从生活中引发幼儿对游戏的乐趣，激发幼儿的兴趣。

师：孩子们你们堆过雪人吗？谁愿意来说一说下雪天一些开心的事情？

2. 现生活,赋情景,冶情趣

活动过程中,教师充分地再现了"堆雪人"这一生活情景,同时,巧妙地将幼儿在玩堆雪人游戏中的各种姿态拍摄下来,回顾堆雪人的场景,利用浓墨、淡墨表现合作堆雪人的场景。

导入环节是魔术"下雪啦",教师提问:下雪啦!下雪天你最喜欢干什么?你们最想堆一个怎样的雪人?然后,在第二环节的"合作堆雪人"中,教师通过让孩子们堆雪人,以照片形式再现幼儿堆雪人的情景引导幼儿进入活动。

3. 乐生活,深参与,出方法

我们一起来堆雪人吧,可以几个朋友合作堆一个哦。教师通过语言指导引发幼儿对合作堆雪人产生细节观察:

图片欣赏(回忆再现):你们想怎么堆雪人?(引发对任务的分工)都需要哪些工具?(不同的工具会有不同的姿态产生)你准备穿什么衣服去堆雪人?你的朋友呢?(引发对服装细节的观察)

4. 画生活,得作品,谈感受

教师用"堆雪人"的情境引导幼儿绘画合作堆雪人的场景,幼儿在生活的情境中表现各种堆雪人的姿态,并让幼儿谈谈画雪人时的感受。

如:把你和朋友一起堆雪人的欢乐留在画面上吧!

如:堆雪人真快乐呀,到处都是小朋友(鼓励幼儿画满整张画纸)。

如:雪娃娃身上穿了不同的衣服(鼓励幼儿较细致地表现出人物的服饰和表情)。

如:你堆雪人的时候心里怎么想的?有什么开心的事情要说给大家听吗?

总而言之,在生活教学模式中,教师要根据活动内容选择适宜的场景和人物,同时要结合主题,将目标及重难点分解到整个生活场景中去。让幼儿如身临其境般融入熟悉的生活情景中,在熟悉的人物、熟悉的材料、熟悉的引导中获得经验的积累,体验成功的快乐。

第7章 生活模式：将身边熟悉的事与物融入学习中

温馨提示

1. 在选择绘画人物时根据孩子的年龄特点：中班幼儿可以选择自己家庭中熟悉的人物绘画，大班的幼儿可以选择一些与生活密切相关、孩子非常熟悉的非家庭成员。当然，也可以结合当前的热点事件的人物以及幼儿的已有经验来选择相应的人物。

2. 在选择工具时可以利用家庭生活中一些常见的孩子十分熟悉的材料，如：刷子、瓶子等，并作适当的调整，大小与长短要适合孩子使用。

3. 绘画尽可能选择孩子亲身经历过的场景，就生活中熟悉的场景创作，比较容易激发起幼儿对绘画的兴趣。

（撰稿者：郑 燕）

7-1 现 场

可爱的小鸡

活动"可爱的小鸡"源于中班主题"在农场里"的小鸡小鸭站点。小朋友们都非常喜欢小动物，尤其是生活中憨态可掬的小鸡，既是孩子们生活中常见的动物，又是非常乐意和人亲近的动物，所以，孩子们都非常喜欢小鸡，也有想画小鸡的愿望。

127

中国水墨画，是一种具有悠久历史传统的民族美术，在幼儿园开展水墨画教学也是素质教育的一个重要组成部分。中国画具有简炼、概括的特点，主要形式是用毛笔蘸墨画画，毛笔可大可小，可粗可细，可干可湿，挥洒自如，变化无穷，痛快淋漓。中班幼儿的思维以具体形象思维为主，他们观察事物的能力也有明显的提高。教师可以通过让幼儿欣赏大量图片、视频中的小鸡形象拓展幼儿的思路，让孩子们画出的鸡都各不相同。小鸡是小朋友喜欢又熟悉的生活中的小动物，画小鸡比较容易，幼儿学得快、学得牢，也学得轻松，很适合幼儿作画大胆，构思夸张的特点。

这是中班下学期的一个活动内容，活动的目标是：初步运用侧锋画椭圆，表现小鸡的外形特征和不同姿态，让幼儿在自主表达、创作的过程中，体验作画的乐趣。活动的重、难点在于初步运用中锋勾线和画圆点表现小鸡飞翔的形态。基于幼儿的年龄发展特点，建议活动在幼儿生活中多接触小鸡，了解和熟悉小鸡的外形特征，并有过中锋、摆笔经验的基础上组织。整个活动过程分四个环节。

一、引生活，玩游戏，促兴趣

师：叽叽叽叽，谁来了？（教师播放小鸡叫音频）

幼：小鸡来了。

师：小鸡来和我们捉迷藏啦！

师生共玩捉迷藏游戏。

二、现生活，赋情境，冶情趣

1. 出现三只小鸡（雌性），请小朋友观察：鸡妈妈孵出了一群可爱的小鸡了。

关键提问：小朋友看看小鸡长得怎么样？身上有些什么呢？

——幼儿自由回答

教师总结：小鸡长得很可爱，有圆圆的头、圆圆的身体，还有尖尖的嘴，肚子底下还长着两条细细的腿。

2. 引导幼儿欣赏《群鸡》图。

出示图画《群鸡》，提问：你们看这幅画，画家爷爷画的一群鸡是什么样子的？它们在做什么？

教师鼓励幼儿结合自己平时对小鸡的了解，理解国画中小鸡的姿态，充分发挥幼儿的想象力。

3. 出示可动贴绒小鸡，变化小鸡的各种不同姿态，引导幼儿观察，提醒幼儿可画出各种神态的小鸡。

小结：小鸡们可爱玩了，会做出各种各样的动作和表情。

三、乐生活，深参与，出方法

1. 今天老师要用水墨画方法请出来更多的小鸡，是用毛笔和墨汁来画的。

2. 教师示范：先用毛笔蘸上水墨，让毛笔躺下来，稍稍用力画出小鸡的头和翅膀，翅膀比头画得大一点，再用笔尖像走路一样勾出小鸡的嘴巴，胸，肚子和爪子，最后用笔尖（像跳一样）点出鸡的眼睛。

四、画生活，得作品，谈感受

师：鸡妈妈现在要请小朋友给小鸡画像，它还想问问小朋友画的小鸡在什么地方？在干什么？

幼儿先观察操作材料，后在其空白处作画，教师以鸡妈妈的口吻指导幼儿掌握用笔方法。

师：鸡妈妈谢谢小朋友为它的小鸡画像。（展示作品）

师：接下来我们来玩一个游戏，"小鸡小鸡在哪里"。

（撰稿者：郑　燕）

现　场 7-2

美丽的鱼

小X给自然角带来一盆五彩小金鱼，近期美丽的鱼儿便成了孩子们谈论得最多的话题。《3～6岁儿童学习与发展指南》指出："教师应擅于发现幼儿日常生活、游戏或偶发事件中所隐含的教育价值，把握时机积极引导。"面对兴奋不已的孩子们，我开始思考：如何关注孩子们的兴趣点，如何抓住这次教育契机……

通过聆听、观察、分析，我发现各种各样的鱼儿造型都十分特别，艳丽的颜色、丰富的纹案隐含着巨大的美术教育价值。它们不仅带给孩子们美的欣赏和感受，更能唤起孩子们展示美、表现美、创造美的主动愿望！考虑到幼儿在用色彩和线条表现物体方面，积累了一定的经验，有较强的想象力和创造力。在活动设计中，我一方面充分利用和调动孩子已有的美术学习经验，让孩子们用大胆的色彩和线条表现鱼儿的外形特征和动态；另一方面，结合大班孩子的想象力、学习力比较强的特点，我将创造、想象作为活动的一个延展点，激发孩子们的主动创作，体验表达。

这是大班上学期的一个活动内容，活动的目标是：能选择喜爱的鱼或把以前看到过的鱼大胆表现出来，并会用线条和大色块装饰性地表现鱼的主要特征。学会在画的背面大胆地用平涂的方式染墨以衬前景。活动的重点：用线条和大色块装饰性地表现鱼的主要特征；难点：在画的背面大胆地用平涂的方式染墨以衬前景。基于幼儿的年龄发展特点，建议活动在幼儿生活中通过欣赏各类鱼的图片，了解各种各样的热带鱼，会用小排笔的经验的基础上安排。整个活动过程分四个环节。

一、引生活，玩游戏，促兴趣

魔术：变变变！哇！变出了这么漂亮的一条热带鱼。

二、现生活，赋情境，冶情趣（出示图片）

师：小热带鱼给我们带来了一份好礼物，瞧！是一个漂亮的金盒子，想知道里面是什么吗？好，我们一起来看一看。原来是它的朋友们的照片！（看图片，师适时提醒幼儿仔细观察鱼的颜色，形状）

提问：这些热带鱼是什么样子的？它们长得一样吗？除了这些漂亮的鱼，你还见过其他的热带鱼吗？它们是怎么样的？

小结：热带鱼的种类可真多，每一种鱼都跟别的鱼长得不一样，有的大，有的小；

有的扁圆,有的细长;有的背上有刺,有的身上有美丽的花纹;还有的鱼会变色,会发光,甚至连游泳的方式也不一样,真是有趣极了!

三、乐生活,深参与,出方法

师:这么美丽的小鱼不把它画下来真是太可惜了,我们来筹备一个小鱼画展好吗?老师先来画一幅,我喜欢这条像公主一样的热带鱼。

示范作画步骤:

1. 先在纸上画一个大大的椭圆形,然后画一个小三角形跟大椭圆形靠在一起,再给小鱼画上漂亮的花纹、鱼鳍、眼睛等。小鱼最喜欢吹泡泡了,我就在小鱼的嘴边画上一个小泡泡,它们还喜欢躲在水草、珊瑚丛里捉迷藏呢!水草和珊瑚也是各种各样的。等会儿,要请小朋友动脑筋,看看谁的画法最多。

2. 挑选你喜欢的油画棒涂上颜色,涂的时候要按顺序,涂得均匀(出示涂色后的范画)。

3. 现在老师又要来变个小魔术,变魔术前我先请一个小朋友上来摸摸这张纸和我们以前画画的纸有什么不同?特别软,有一点毛毛的。对了,所以,小朋友在画的时候一定要小心,不可以画得很重,这样容易把纸弄破。这种纸还有一个好听的名字,叫"生宣"。好,现在我要变了,先把画翻过来,在背面涂上一层黑黑的浓墨,可不能来来回回在同一个地方涂,要按一个方向一笔一笔地涂,把整张纸都涂黑。呀!怎么了?漂亮的画不见了。别着急,老师可以把它变回来,我轻轻地对着纸吹几口气,小朋友帮我数1、2、3(在数的时候,快速把画翻回来)。瞧!这幅画变得怎样了?被黑黑的浓墨一衬,原来的油画棒的颜色更加鲜艳了。

过渡:这么有趣的画法,小朋友们赶紧来试一试。

四、画生活,得作品,谈感受

1. 鼓励幼儿大胆选择自己喜欢的鱼作画,也可以把以前看到过的鱼画出来。
2. 教师巡回指导,适时地提醒幼儿创造性地画出不同的鱼、水草、珊瑚、贝壳等,提醒幼儿画画的技能、画面的布局等。
3. 请画好的幼儿,将画贴到布置成以"多彩的鱼"为主题的画展上。
4. 幼儿相互评价作品。

（撰稿者：郑　燕）

现场 7-3

美味的枇杷

小班幼儿对新鲜事物具有强烈的好奇心,多样化的工具和材料总能激发幼儿的创造欲望,而且有利于幼儿大胆想象、创造。因此,我们要尽量以孩子生活中较熟悉并喜欢的材料作为绘画工具。根据小班幼儿的年龄特点,在提供玩色工具时要有选择地投放。材料的提供由浅入深,如棉签、树叶、蔬菜、印章、积木等材料简单易操作,同时效果佳，较符合小班阶段开始使用。

在小班主题活动"苹果和橘子"的核心经验"感知常见水果的特征（名称、外形、颜色、味道、大小、软硬等）"的背景下，我们开展了系列的教学活动，孩子们对常见的水果也有了相应的了解与经验积累。在寻找园内果树（橘子树、石榴树、枇杷树等）的活动中，孩子们兴奋于采摘水果的过程，在此过程中，更增加了对几种水果的了解。同时，我依据孩子兴趣、经验与小班孩子特点，结合本园特色，设计了此水墨画活动"玩色'枇杷'"。

"玩色"就是幼儿利用作画工具，将颜色吹涂、拓印于物体上的游戏活动。以吹涂、拓印等方式参与玩色，幼儿始终保持游戏的心态和对玩色的浓厚兴趣。另外，各种颜色组合变化产生的丰富的色彩画面，还可以激发孩子们对新事物的好奇心。

活动"玩色'枇杷'"主要用印画的方法表现。印画的材料有很多，如可以用瓶盖在白纸上印五彩泡泡，用菜根在草地印一颗手机动漫葡萄。"玩色'枇杷'"所选用的材料主要是孩子们熟悉的枇杷叶与胡萝卜，利用枇杷叶印出叶子，用胡萝卜印出漂亮的枇杷。胡萝卜的颜色与枇杷相近，孩子们更了解、更熟悉，也更喜爱。

此活动的设计，主要以适合幼儿的生理心理所能及的程度为出发点，为幼儿提供丰富的玩色游戏，实现与幼儿的平等对话、自由交流，让幼儿在宽松、平等的氛围中自由大胆地发挥，"随心随欲玩水墨色彩"，让孩子在学习水墨画的过程中全面发展。

一、引生活，玩游戏，促兴趣——欣赏枇杷，了解枇杷叶子正反面的特点

看看我们上次采摘的枇杷叶。

关键提问：看看枇杷叶子的正面与反面有什么不一样？

——幼儿看一看，摸一摸，并自由回答

教师小结：枇杷的叶子正面很光滑，反面很粗糙。反面还有凸起来的叶脉，叶脉很清晰。

二、现生活，赋情境，冶情趣——印枇杷叶

1. 枇杷叶想到国画宣纸上去做游戏，我们来帮帮它。

2. 拿一片枇杷叶，刷上绿色，然后再与宣纸抱一抱。看，宣纸上就有一片一样的枇杷叶了。如有要叶脉更清晰些，就选择反面。在调色盘中为枇杷的一面刷上绿色或蘸上绿色的颜料。

（绿色＝花青＋藤黄）

幼儿自主选一片枇杷叶子，将棉签蘸上颜料在叶子上刷一刷，或直接用叶子蘸上颜料，再印在宣纸上。

3. 关键提问：一个枇杷枝上有几片枇杷叶？

幼儿问答：许许多多。

4. 关键提问：枝头上的枇杷叶，它们是如何生长的？

——幼儿自由回答

教师小结：一个枇杷枝头上的枇杷叶子至少有三片。它们都是头靠头紧挨着一起生长。

5. 枝头上的枇杷叶都想到宣纸上去，那我们一起帮它们吧。在刚才一片叶子的旁边加上其它叶子，头靠头，紧紧的在一起。

幼儿重复刚才拓印方法。

三、乐生活，深参与，出方法——拓印枇杷

1. 关键提问：枝头上的枇杷宝宝是什么颜色的？什么形状？

——幼儿自由回答

教师小结：枇杷是橙色，圆形的。而且从上向下，有许许多多，一层层挤在一起生长。

2. 枇杷的颜色与哪一种蔬菜的颜色一样？（胡萝卜）

3. 胡萝卜宝宝今天要把自己变成枇杷宝宝。我们来帮帮它。

4. 横切胡萝卜，蘸上橙色颜料（藤黄＋朱砂），在宣纸上枇杷枝头拓印，印多次，印在一块。

5. 再看看图片中的枇杷，与我们画的枇杷有什么区别？

教师小结：枇杷上有个小黑点。

6. 请用棉签蘸上浓墨，点在枇杷上。

幼儿添画。

四、画生活，得作品，谈感受

枇杷园创作完成了。说说你是怎样画出这么多枇杷的。

——幼儿自主交流

教师小结：用颜料、胡萝卜、棉球、棉签帮助枇杷宝宝到纸上做游戏，是一件很开心的事情。

（撰稿者：刘翠霞）

现场 7-4

顽皮的七星瓢虫

秋天是水果蔬菜成熟昆虫聚会的季节,从夏季到秋季自然界会发生许多变化。草儿变黄,树叶飘落,果子成熟,小动物忙碌,天气渐凉。在孩子的眼中,对这些变化充满着许多的新鲜感与疑惑,孩子们会问:"为什么草儿会变黄呢?"、"为什么树叶会落下来呢?"、"七星瓢虫身上为什么会有点?"等许多问题。他们在慢慢发现自然界中的一切变化,感受秋天的美。近期我们畅游在主题活动"在秋天里"。主题活动核心经验是通过参观活动、简单的劳动来了解植物的变化及昆虫的特征;并学习用较连贯的语言来表达自己对秋天大自然的感受。引导孩子们自己动手,参与一些树叶拼画、插花等活动,提高孩子对美的鉴赏能力,让孩子们在美丽的秋季获取有关各种食物、昆虫的生活经验。

在一次外出找落叶的过程中,孩子们发现许多小蚂蚁在树干上爬来爬去,忙着搬运粮食。原来,小虫子也喜欢和大树做朋友哇!于是,我就和孩子们一起在语言角创设了一个"迷你昆虫馆"。馆内有我们共同收集的昆虫书籍和昆虫模型。听!孩子们又聚在一起讨论了:"瓢虫的身上有星星"、"有六颗星"、"不对,有七颗星,是七星瓢虫"……那么,怎样引导孩子将发现的内容表现出来,并预设出孩子喜欢的学习活动内容呢?我根据中班孩子爱想象的特点为他们创设了富有情景性、游戏性、创造性的活动:迷你昆虫馆、瓢虫运动会、小虫子的聚会等,并在预设时给幼儿保留了很大的生成空间。主要内容与要求:喜欢观察昆虫关注它们不同的特征;愿意用多种方式表达自己对昆虫的感受。据此,设计了有趣的水墨画活动"七星瓢虫",主要画法是用点管表现,工具有:纸、毛笔、滴管。活动目标:借助童谣初步让孩子们了解七星瓢虫的外形特征,并通过水墨画的形式表现。活动有四个环节。

一、引生活,玩游戏,促兴趣(图片导入——感受瓢虫的外形特征)

1. 今天呀,我们班上来了位小客人,红红的身子上面有着黑黑的圆点,孩子们,猜一猜它是谁呀?(七星瓢虫)

2. 认识七星瓢虫:七星瓢虫是农民伯伯的好朋友,它特别喜欢吃害虫,帮助农民伯伯保护庄稼。

二、现生活,赋情境,冶情趣(故事——小瓢虫大冒险)

故事:啪嗒啪嗒,我是瓢虫。花园里面散个步,飞,飞,飞!咦,前面是什么?让我悄悄爬过去,捉住了!滴答滴答,下雨了。没关系,在叶子下面躲一躲。雨终于停了,继续散步吧。哎哟,不小心掉进水塘里!不怕不怕!我可是游泳高手噢。天晴了,太阳下面晒晒翅膀,扑啦啦——又飞起来了!

幼儿欣赏故事,感受七星瓢虫是多么的可爱、勇敢。激发幼儿对七星瓢虫的喜爱之情。

瓢虫照片欣赏——初步了解七星瓢虫的特点。

师:七星瓢虫的身体是什么样子?

教师小结:七星瓢虫有一个圆圆的身体,头上有一对触角,背上有七个圆圆的黑色斑点,它还有六条腿。

三、乐生活,深参与,出方法(幼儿学画——用水墨画形式表现瓢虫的外形特征)

1. 可爱的瓢虫,它那圆圆的身体是什么颜色的呀?(红色)我们先把它的身体变出来好不好?今天,我们请滴管来帮忙。用手指捏住滴管的头,放到红色颜料里松开小手指,让滴管吸满红色颜料。再将滴管靠近纸张,用手指轻轻一捏,滴一滴颜料在纸上,一只瓢虫的身体变出来了!可是一只瓢虫有些孤单,我们再请几只小瓢虫出来吧!(3~4只)再把滴管放回颜料罐中。

2. 老师带来了一首好听的童谣,你们想听吗?

红红大圆盘,一分分两半;再画个半圆,顶在盘上边。七个小圆点,画在盘里面,两根须,画两边,六条腿,分两边。可爱的瓢虫画好啦。(教师边念童谣边画七星瓢虫)

3. 孩子们,你们谁也想来变一变?(一个孩子尝试画,全体幼儿一起念童谣)

四、画生活,得作品,谈感受

师:孩子们,你们想不想画出更多可爱的七星瓢虫呀!那我们现在就去试一试、画一画吧!

要求:把七星瓢虫的外形特征画出来。

小结:孩子们,你们最喜欢哪只小瓢虫呢?为什么?这么多可爱的瓢虫,也想去公园里逛一逛、散散步。下次呀,我们在小瓢虫身边添画上一些小花、小草好吗?

(撰稿者:刘翠霞)

将身边的事与物融入学习中

第 8 章　实作模式：给予儿童无限的发展空间

陈鹤琴先生说过：让孩子自己在做中学，在做的过程中去取得直接的经验，去获取新的知识。没有一个儿童是不好动的，也没有一个儿童是不喜欢自己做的。实作模式即以幼儿为主体组织实践操作的教学模式。在教学活动中推动幼儿解放头脑、发挥想象，让幼儿自己去体验、表现，将想象变为现实，激励创新思维，在"做"的过程中培养创造性思维。

> 现场 8-1
> 可爱的小羊
> 现场 8-2
> 春天的鸡
> 现场 8-3
> 沙漠之舟骆驼

一、实作是幼儿探索世界的一种方式

实作,具有两个关键性的意义:一是只有做,才能体现和保证幼儿在整个学习活动中的主体地位;二是只有做,才能使幼儿获得真经验和丰富的感性知识,为全面探索真理,获得更全面、更完整的科学知识打好基础。陈鹤琴先生强调的"做",是幼儿探索世界的一种学习方式,有利于幼儿智慧的发展。

1. 实作提供参与机会

《幼儿园教育指导纲要》提出:要以幼儿为主体,让孩子成为学习的主人。为此,实作模式主张以个人为本位,使每位幼儿成为一个独立的个体,从而发挥主体性,使他们全面、和谐发展。

实作模式为幼儿主动学习提供时间与机会,让幼儿与环境、与同伴、与老师等之间实现多维互动,充分调动幼儿学习的主动性与自觉性,把学习的主动权交给幼儿。幼儿通过多种感官的参与,努力去发现、探索新知,学习新知,同时也学会学习,成为学习的主人。

彩墨教学的实作模式通过为孩子创设一个宽松的环境,不约束不制约孩子,留给幼儿想象的空间,鼓励孩子运用自己与众不同的表达方式,发挥创造的潜能,增强幼儿对美术活动的信心,激发幼儿自主学习,培养艺术思维能力,实作模式彰显了幼儿的主体意识。

2. 实作推动幼儿探索

学习任何知识的最佳途径是自己去发现,因为这种发现,理解最深,也最容易掌握其中的内在规律、性质和联系。

在彩墨教学的实作模式活动中,教师充分理解和尊重幼儿的兴趣和爱好,通过让孩子自己尝试后再给予一定的方法悉心创作,让他们有机会探索、实践。在孩子动手操作的过程中,真正解放孩子的小手,放飞孩子的想象力,及时为孩子提供合适的自主探索的机会。

实作模式营造出一种生动活泼的气氛,在此基础上逐步培养孩子的观察力、记忆力、想象力和创造力,对于幼儿在彩墨活动中的表现,老师适时地给予鼓励、表扬,让孩子展开想象的翅膀,自由自在,无拘无束地飞翔,并从中不断树立学习信心,让其体验探索的乐趣,最终让幼儿很自然、有效地达成目标。

二、给予幼儿充分的操作机会

彩墨教学的实作模式最重要的是调动幼儿的自主性,让儿童自己去体验,去表达。在教育实践中,应该给予每个幼儿充分表现的机会和权利,让他们在绘画这块空地上,尽情地展开想象、大胆创作。从实践操作的角度看,实作模式主要有定主题,做中试——点方法,做中想——选材料,做中学——作交流,拓思维这四个环节。

1. 定主题,做中试

幼儿学习的动力来自于对学习内容的兴趣,所以,只有诱发、保护、培养、提高幼儿对彩墨活动浓厚的兴趣才能挖掘幼儿内在潜力,发挥其主体性。

如:在大班彩墨活动"朝鲜族舞蹈"中,开篇以音乐游戏"欢乐的画笔"为主题,让幼儿根据音乐的节奏快慢用侧锋在画纸上作舞蹈般的探索尝试,发现不同速度下画笔中的秘密。

幼儿有了这样的初步感知基础,才会产生兴趣,才会主动去发现自己周围的世界。教师要做的是,能让儿童在操作中获得感性经验的,要让儿童去操作;能让儿童探索的技能,要让儿童去探索。

2. 点方法，做中想

丰富的想象是童心的保持和升华，是科学家、艺术家最基本的要素。实作模式通过引导欣赏多种形式的艺术作品，扩展幼儿视野，使幼儿头脑中能形成丰富的表象，把不可能的事情变成可能。

如：朝鲜舞是孩子们日常生活中几乎无人不接触的一种艺术形式，通过视频和图片欣赏让孩子有了基本的认知，感受朝鲜族舞蹈服饰和动作的优美。之后，让幼儿学一学朝鲜舞的动作，进一步解析肢体动作，有的穿裙子的女孩子通过旋转让自己的裙子和朝鲜舞舞者的裙子一样，绽放出美丽的姿态。孩子们通过相互观察、学习、模仿、创造，从刚开始的单人模仿到小组合作表演朝鲜舞，创造性思维得到最大限度的发展。

孩子的想象力比知识更重要，因为知识是有限的，而想象力囊括着世界上的一切，推动着知识进步，是知识进化的源泉。

3. 选材料，做中学

在教学活动中围绕内容和目标，尝试为幼儿提供感兴趣的操作材料，以使他们在做中学，从而提高学习的主动性，以获得知识、能力和情感的提升。

如：教师在活动中提到"这么大的舞蹈裙子要怎么画呢"？立刻就有孩子联想到"选用'欢乐画笔'的方法，毛笔躺着画"，还有孩子进一步发现"可以用最大的毛笔，这样就可以画出最大、最美的裙子啦"！

除此之外，教师也提供了许多不同的美丽的朝鲜族舞蹈动作，和幼儿当场舞蹈的照片，让幼儿选择一个最美的来画一画。孩子们纷纷说"我要穿这件衣服跳刚才的那个动作"、"我要和我的好朋友一起跳"……

原以为用彩墨画跳舞孩子们会不会提出不会画，相反他们个个表现得得心应手，用灵巧的小手画出了不同的美丽舞姿。因为孩子们是主动地在做这件事，他们是觉得有兴趣的、好玩的。教师智慧的引导，一些幼儿感兴趣的材料的提供，让孩子们在做中学，充分发挥了学习的主动性。

4. 作交流，拓思维

在评价幼儿作品时，要时刻注意保护幼儿的创意，尊重幼儿的情感，根本在于培养幼儿创造性的自我表现，通过推动幼儿间的互动启迪创造思维，将认识和创新结合起来，促进幼儿创造性人格的发展。

如：在交流互动时，教师的提问是"你觉得哪个舞蹈跳的最好？我们一起来学一学"。孩子们争先恐后地上前表达自己的观点，有的说"这件衣服很美"、有的说"这个动作很优雅"、还有的说"小组跳舞非常棒"……通过幼儿间的互评，孩子们发现了他人的优点和创意，用自己的方式表达自己的真实感受。

每一幅画没有好坏之分，只有不同幼儿表现水平之别，只要作品有独到的创意、能表达孩子的天性和对生活的感受，哪怕只是其中一点，教师都要及时捕捉并给予表扬和鼓励，要让鼓励的语言"普撒"在每个孩子身上。

三、让实作贯穿教学活动

这里以《朝鲜族舞蹈》为例，进一步阐述实作模式如何实施。

现在大班幼儿正好讲授到"我是中国人"主题，他们对于少数民族的衣着和生活习惯都非常感兴趣，同时在个别化活动中，幼儿已经在美术角参加少数民族服饰的涂色创作，所以，对一些造型还是比较了解和感兴趣的。

在个别化活动中，幼儿对于小舞台中的服装很感兴趣，并且老师也提供了很多有趣好看的民族舞蹈视频，所以，他们很愿意去学一学、跳一跳，基于幼儿的兴趣，我设计了这节"朝鲜族舞蹈"的活动。

活动分为四个环节，首先是定主题，做中试，让幼儿在宣纸上随便运用侧峰玩色；第二环节是点方法，做中想，幼儿看着舞蹈视频学学、跳跳；第三环节是选材料，做中学，幼儿能尝试自己将舞蹈演员画在宣纸上；最后第四环节是作交流，拓思维，幼儿互动共享。

1. 定主题，做中试——欢乐的毛笔，感受不同的侧峰

导入环节，通过游戏"欢乐毛笔"激发幼儿主动探索的乐趣。并提出疑问：音乐快的时候，毛笔怎么画？慢的时候怎么画？引导幼儿发现：画画时候的速度可以根据音乐的节奏快慢来。

此外，合作游戏前提出要求：不论画什么，毛笔都要躺下来；根据音乐节奏让毛笔跳舞；只用一支毛笔，但一笔能画出不同颜色。

在音乐的背景下，幼儿通过玩色尝试发现：毛笔躺下来能画出很大的一个面，而且一支毛笔能一笔就画出不同的颜色。

2. 点方法，做中想——欣赏、感受民族舞蹈的特点

这一环节，通过欣赏视频《朝鲜族舞蹈》，引导幼儿观察，发现其中的美。之后，ppt 展示一些朝鲜族的舞蹈服装。

教师提出：还可以学学跳跳舞蹈动作噢！

孩子们摆出了各种优美的舞蹈姿态，有的孩子还提出"可以三个人一起跳吗"？小组合作激发了孩子们的积极性，教师为孩子们的精彩表演留下了图像资料。

3. 选材料，做中学——一起跳舞，尝试作画

材料的恰当提供能激发孩子用自己的方式表达自己的真实感受，更乐于追求变化，勇于探索与尝试。

这一环节，当教师问：这么大的舞蹈裙子要怎么画呢？

有了前期的经验，孩子们的回答立刻鲜活起来："可以用'欢乐画笔'的方法，毛笔躺着画"，还有孩子进一步发现"可以用最大的毛笔，这样就可以画出最大、最美的裙子啦"！

教师除了提供大小不一的画笔外，还准备了许多美丽的舞蹈动作和孩子们自己的舞蹈照片，让孩子们自己选择创作自己的《朝鲜族舞蹈》。

4. 作交流,拓思维——美丽的舞蹈,交流共享

在交流互动环节,不只是教师单方面地评论画面,而是通过幼儿间的互动发现美。

教师问:"你觉得哪个舞蹈跳得最好? 我们一起来学一学。"

孩子们争先恐后地上前表达自己的观点,并相互交流自己的舞蹈动作,用自己的方式表达自己的真实感受。

总而言之,"朝鲜族舞蹈"活动中,实作模式贯穿始终,通过让幼儿自己"做",使幼儿获得探索世界的一种学习方式,让幼儿的创造性思维得到最大限度的发展,乐于追求变化,勇于探索与尝试。

> **温馨提示**
>
> 　　1. 实作模式的技法传授,更多的是让幼儿自己探索、尝试,在幼儿自主探索环节,可以设置一些有趣的主题结合幼儿的已有经验,让幼儿在轻松、快乐的氛围下初步尝试。
>
> 　　2. 在素材提供方面,除了教师的前期准备,更需要的是幼儿自己动手留下的资料。这样,在后期动手环节,孩子们的代入感和积极性才会更加深入,激发更多的思考。
>
> (撰稿者:王轶晶)

现场 8-1

可爱的小羊

喜欢动物是每一个孩子的天性。在最近的自由活动时,我发现孩子们说得最多的便是各种动物。他们喜欢聆听动物故事,怀抱可爱的动物玩具,翻看各种动物卡片和图书……动物们不时地出现在他们自编的故事里、有趣的儿歌里、好玩的游戏里,它们那生动有趣的形象深深地吸引了每一个孩子。

有一天,一个孩子带来一本关于"羊"的触摸书,里面介绍了羊的各种品种、习性,大家对"羊"这种动物抱有非常浓厚的兴趣,于是我们顺应孩子们的热点,设计了活动"羊"。但对于大班的孩子来说,仅仅知道动物的名字,了解它们的生活习性已经远远不能满足幼儿的需要。因此,在活动中,我们主要以激发幼儿对动物的情感为切入点,引导幼儿探索发现动物之间相互依存、相互联系的生存状态,从而感受到动物是人类的朋友,人类更是动物的伙伴。

《3~6岁儿童学习与发展指南》强调让幼儿学会发现和感受自然界与生活中美的事物,鼓励和支持幼儿自发的艺术表现和创造,培养初步的艺术表现能力与创造能力。所以,本次活动旨在让幼儿自主探索,在玩玩弄弄中发现墨色的变化。孩子们前期已经有浓淡墨色变化的经验,在活动中探索墨色变化的时候,教师应给予孩子充分的空间。

这是大班下学期的一个活动内容,活动的目标是:在玩玩、欣赏的过程中发现墨色的不同变化,运用不同的墨色表现各种不同的羊。活动的重、难点在于运用不同的墨色表现不同的羊。基于幼儿的年龄发展特点,建议在活动中提供不同墨色便于幼儿观察。整个活动过程分三个环节:第一环节玩墨,感受墨色的不同变化;第二环节墨色欣赏,尝试画两种不同的墨色;第三环节小羊找朋友,幼儿自由表现墨色与造型的结合;第四环节小羊的一家,交流共享。

一、定主题,做中试——玩墨,感受墨色的不同变化

1. 幼儿运用笔墨玩出不同墨色。(教师提供浓墨和淡墨)

要求:幼儿自主选择不同的墨色随意绘画,感受墨色的变化。

2. 互相欣赏感受墨色的不同变化。

小结:通过观察,发现有四种不同的墨色,有深色的浓墨,浅浅的淡墨,有的是浓淡结合,有的还是干干的枯墨。

二、点方法,做中想——欣赏,尝试画两种不同的墨色

1. 我这边有四种不同的墨色,你们自己挑选一个试着画一画。(ppt 展示浓墨、淡墨、浓淡结合墨、枯墨)

建议:幼儿再次尝试没有玩过的墨色。

2. 幼儿挑选一种不同的墨色试着画一画。

关键提问:你变出了怎样的墨色,是怎么玩出来的呢?

3. 教师引导幼儿思考,如果画在中间可以表现出重叠,那么,画在原先的后面会表现出什么情形?(鼓励幼儿多次尝试)

三、选材料，做中学——小羊找朋友，幼儿自由表现墨色与造型的结合

1. 今天来了几个朋友和我们一起学本领，看看是谁？（出示不同墨色的四只羊）

关键提问：这些小羊都长的一样吗？有什么特别的地方？（帮助幼儿了解绵羊和山羊的不同特征）

小结：山羊有长长的胡子，尖尖的羊角。而绵羊的角是弯弯的"鬈鬈"的，就连羽毛也是卷起来的。

2. 找朋友。

山羊和绵羊是好朋友，请你们在墨色上添上几笔变出小羊。还可以找找它的好朋友。

提醒幼儿：小羊会在哪里玩耍？（画草地或者花的时候可以提醒幼儿，回忆撒、甩等经验）

四、作交流，拓思维——小羊的一家，交流共享

1. 介绍你的羊儿在哪里玩呢？它在做什么？（幼儿与别人交流共享自己的作品，提升幼儿语言表达能力）

2. 还可以添加些什么呢？（再次添画，通过生生互动，拓展幼儿的创造思维）

（撰稿者：王轶晶）

现场 8-2

春 天 的 鸡

"动物"是个大主题,适合每个年龄段的幼儿开展活动。所以,教师在选择和设计相关活动时,把握好各年龄段幼儿的年龄特点和兴趣很重要。活动"鸡"源于大班主题活动"动物大世界",该主题的重点是了解常见动物不同的特点及其与周围环境的关系,激发幼儿进一步探索动物生活习性的愿望。

在开展了一次"公鸡和母鸡"的活动后,孩子们初步积累了一些有关公鸡、母鸡的知识。于是,母鸡会下蛋、公鸡会啼叫等更成了幼儿日常聊天的内容,他们会进入班级图书角,翻阅各种关于鸡的书籍,从中获取、积累相关的经验。所以,"我认识的鸡"已经成为我班幼儿现阶段的谈话热点。而在他们的已有经验中,已能较好掌握用彩墨画的形式表现春天的各种景色,因此,为进一步丰富画面也奠定了一定的基础。

《3~6岁儿童学习与发展指南》指出,学习活动内容的选择和安排,应充分体现全面、整体的要求,有利于对幼儿经验的全方位、多层次的拓展和基本学习能力的全面培养。学习内容的组织,还应充分考虑幼儿的学习特点和认知规律,体现综合性,以帮助幼儿更有效地学习。同时,学习活动的内容,既要符合幼儿的兴趣和现有水平,又要有一定的挑战性,以助于幼儿经验、视野的拓展和潜能的发挥。也就是说,教师在设计活动时要考虑幼儿学习特点和认知规律,还要有助于幼儿潜能的发挥。而我班幼儿对于鸡的喜爱,也激发出了他们想用画纸表现的欲望。因此,教师就要通过活动的设计,让幼儿在看一看、试一试的过程中,初步尝试用彩墨画的形式表现各种鸡。

"鸡"是大班下学期的一个活动内容,活动分为四个环节,首先是定主题,做中试,让幼儿在学一学、试一试中确定喜欢画的鸡;第二环节是点方法,做中想,能让幼儿通过观看视频得到画鸡头、鸡爪方法,从而再次尝试用较优化方法画鸡;第三环节是选材料,做中学,让孩子知道春天季节特点,从而进一步丰富画面;最后第四环节是作交流,拓思维,帮助幼儿欣赏到同伴作品的不同之处,从而拓展思维,并能帮助幼儿更优化画面。

一、定主题,做中试——我来学一学(让孩子们在学一学、试一试中,确定自己喜欢画的鸡)

提问:今天老师带来了什么呀?请你们选一张自己喜欢的鸡的画,这些鸡都一样吗?

那请大家试一试,将这些鸡画出来。

——幼儿自由作画

关键提问:你们在画的时候,有没有什么问题?鸡的哪个地方你觉得有点难画呢?

我们一起来看一看,鸡头是怎么画的?

二、点方法,做中想——我来试一试(让幼儿通过观看视频得到画鸡头、鸡爪方法,从而再次尝试用较优化方法画鸡)

看看这个视频里面的鸡头和你们画的鸡头有什么不一样?再来看一看,鸡的爪子是怎么画的?

想不想自己也去试一试,你想画什么?(幼儿自己选择)

幼儿自由创作。

三、选材料,做中学——春天的鸡(让孩子知道春天季节特点,从而在作画时进一步丰富画面)

提问:现在是什么季节?春天会有什么呢?

这些春天的花有几片花瓣呢?

请把你们的小鸡画在春天里吧!

幼儿继续丰富画面。

四、作交流,拓思维——欣赏交流(能帮助幼儿欣赏到同伴作品的不同之处,从而拓展思维,并能帮助幼儿更优化画面)

谁来说一说,你画的小鸡在做什么呢?

你觉得你的画面还需要添加些什么,待会可以自己再来添一下。

(撰稿者:金秀红)

现　场 8-3

沙漠之舟骆驼

动物是孩子成长过程中的亲密伙伴,他们对动物世界充满着兴趣与好奇,一说起动物,他们就会津津乐道,兴趣多多。活动"骆驼"源于大班主题活动"动物大世界",该主题的重点是了解常见动物的特点及其与周围环境的关系,孩子们有进一步探索动物生活习性的愿望。

在开展了一次"大象"的活动后,孩子们对于淡墨有了浓厚的兴趣,他们在彩墨角画画时都会用淡墨来画不同形态的大象,画好后还会交流各自的作画心得。有个别孩子已经有意识地开始使用浓墨和淡墨来作画,为了丰富孩子们的用笔和用色,我们设计了"骆驼"的活动,引导孩子尝试用浓淡墨来表现骆驼的形态。

《3~6岁儿童学习与发展指南》中指出,引导幼儿围绕主题展开想象,予以艺术表现。也就是说,老师在设计活动时要围绕主题,让孩子根据主题内容展开想象。所以本次活动在引导孩子观察骆驼图片的时候,不仅仅是让孩子停留在好看与不好看上,而是因势利导让孩子在欣赏过程中表达审美情感。

这是大班下学期的一个活动内容,活动的目标是:在观察、探索骆驼用笔、用色的过程中,尝试进行独立创作,体验探索创作的乐趣。基于幼儿的年龄发展特点,建议在活动中提供真实的骆驼照片和吴作人《骆驼》作品。整个活动过程分三个环节:第一环节眼睛找一找,观察和欣赏骆驼图片;第二环节动笔试一试,孩子尝试创作骆驼;第三环节嘴巴说一说,同伴之间相互交流和共享。

一、定主题，做中试——观察、欣赏

导入环节，通过直接出示骆驼图片，让孩子观察并提问：瞧瞧这是谁？骆驼长得怎么样？引导幼儿观察骆驼的外形特征，背上有两座高高的驼峰。

接着让孩子观察吴作人的作品《骆驼》，并回忆前一次画的大象，比较后提问：今天老师带来了什么？这个和你们上次画的大象有什么不一样？

孩子交流后，再从用笔和用色方面进行追问：在墨色上一样吗？和大象一样都只用一支笔吗？

当孩子发现了不同的墨色后，进一步提问：浓墨都是画在什么地方？老师要适时地作小结：原来骆驼用到了浓墨和淡墨，而且还用到不一样的笔，细细的笔是用来画骆驼的脸的。

当孩子知道了骆驼的用笔和用色后，可以请孩子自己动笔来尝试一下，画一只骆驼。

二、选材料，做中学——尝试、创作

在此环节中请孩子先来试一试，运用浓淡墨和不同的笔来画出骆驼。让孩子大胆、自由地尝试，并播放音乐，让孩子在音乐中作画，感受作画的乐趣。

老师重点关注两方面：一是浓淡墨的使用方法。孩子们是否会正确使用浓淡墨，知道什么地方需要用浓墨，什么地方需要用淡墨；二是骆驼的脸部表现。是否知道用细细的笔来表现脸部特征。

教师小结：原来我们可以先用淡墨将骆驼的身体画出来，然后用浓墨画出驼峰、脖子、尾巴、和膝盖。

孩子第二次尝试作画时，为了丰富画面，可以提问：骆驼会去哪里呢？它们会做些什么事情呢？你会和骆驼做什么？请把你们的想象在画纸上创作出来吧。通过一系列的提问，引导孩子丰富画面，完整构图。

老师的观察重点落在三方面：一是墨色的运用；二是骆驼的造型；三是鼓励幼儿创作多只骆驼。

三、作交流，拓思维——交流、共享

在交流共享环节，老师可以问：你画的骆驼在干什么？还有哪些地方可以调整吗？让孩子们自由地讲述自己画的骆驼在干什么？是怎么画的？介绍后再请同伴来评一评画得怎么样，有什么地方需要调整的。通过同伴间的互评来发现不同的艺术美。

（撰稿者：强　薇）

第 9 章　场景模式：在特定场景中感受世界的美妙

场景模式概括地说是：在一定的时空内发生的任务行动或因人物关系所构成的具体生活画面，是由空间分布合理的背景和离散的物体构成的真实环境的连贯图像。场景模式是将教学环境设计在具体的场景下，让课堂变得直观具体、生动形象，激发了幼儿的学习兴趣，使幼儿主动地参与教学过程，加强了师生之间、生生之间的相互交流；让幼儿能够积极地学习；对内容的理解更全面、记忆更深刻。

现场 9-1
我眼中的花
现场 9-2
带着线条去旅行
现场 9-3
新鲜菜菜
现场 9-4
奇妙的小虾

一、用眼睛和心灵去感受生活

场景教学模式符合幼儿的年龄特点和心理特征，设置适当的场景能引起幼儿的感官共鸣，从而获得有效的教学效果。场景感受是创作的起点，是灵感的源头；场景是绚丽多彩的：有形、情、景。在现实场景中引导幼儿去观察、去体验、丰富创作的灵感，用自己的眼睛和心灵去观察、感受生活，认识世界。

现实场景能激发幼儿的好奇心、细心、毅力和恒心，儿童的创造能力得到锻炼；也是幼儿观察、分析、理解、概括的过程，他们可以根据个人兴趣和能力进行大胆想象创作。

1. 场景有利于提高幼儿对美的感受力

幼儿置身于现实场景中，感同身受，激发了好奇心，用心感受美，现实场景的教学熏陶使幼儿更加认真地观察事物的特征，在学习、认识、表现场景的过程中感受美，增加对美的感受力。

2. 场景有利于培养幼儿的创造力

在彩墨画教学活动中，布置教学内容的真实场景，引发幼儿的兴趣、好奇心，激发他们学习的兴趣。幼儿通过现实的场合和脑海中想象的场景予以组合再创作，从而有效地达成教学目标。

在现实场景中，孩子通过观察、分析、理解、概括，将自己的观察和想象表现出来，这就是一种创造。

3. 场景有利于培养幼儿的观察能力

观察源于生活,在场景教学中,幼儿置身其中,对事物不同方位、不同距离、进行观察;同时教师可引导幼儿对细微的地方进行观察。如:让幼儿身在其中感受空间、前后、大小、远近等变化。

总之,场景教学适合幼儿园彩墨教学,使彩墨教学趣味化、生活化、情感化,幼儿的好奇心、毅力、观察力、创造力、审美能力得到锻炼。只有我们努力地创造适合幼儿彩墨教学的活动场景,他们才会以更大的兴趣去学习,去探索、去发现,幼儿的素质、创造能力得以更好的培养,其意义是深远的。

二、在现实场景中发现美

场景模式通过引导幼儿从不同的方面、角度,找出相同点和不同点来展开发散思维,联想造型,既培养了幼儿的观察力,又发展了语言表达能力。从实践操作角度看,场景模式主要有:再现场景,激发兴趣;观察场景,大胆想象;比较场景,点拨方法;表现场景,创作作品;置身场景,主体评价五个环节。

1. 再现场景,激发兴趣

根据彩墨画教学目标,创设真实的场景,设计教学活动。如:在大班彩墨教学活动"金鱼的一家"中幼儿通过观察真实的金鱼来进行彩墨活动。主要是引导幼儿感受金鱼优美的姿态,尝试用中锋和侧锋表现金鱼的动态。幼儿通过观察水中的金鱼发现金鱼尾巴的不同方向和优美的动态。有趣的内容很容易吸引幼儿的兴趣,"金鱼的一家"内容丰富有趣生动,孩子们自然而然喜欢,幼儿在观察金鱼的过程中掌握如何用笔表现金鱼的不同动态,尾巴的方向,兴趣十足。

2. 观察场景,大胆想象

幼儿在真实场景中观察、比较,通过观察和比较,潜移默化的掌握相应的技能。如在"金鱼的一家"中,老师问:金鱼游泳的时候都一样吗?你发现金鱼尾巴有什么秘密?幼儿通过观察发现:金鱼游泳时尾巴是有不同方向的,金鱼的尾巴大大的,尾巴会弯弯的,等等。老师继续问:怎么样尾巴才能大大的呢?通过观察、提问、互动幼儿潜移默化地掌握侧锋画尾巴的技巧,在真实的场景中观察金鱼的优美姿态,表现出来的作品就不是单一的,一成不变的。

3. 比较场景,点拨方法

在场景教学中,幼儿置身其中,对事物不同方位、不同距离深入观察;同时,教师可引导幼儿对细微的地方加以观察。在"金鱼的一家"中,幼儿观察金鱼的游泳的姿势、方向等,通过观察,幼儿知道了金鱼游泳时尾巴是左右摇摆,那么,用毛笔表现尾巴时可以从不同方向表现,同时通过对金鱼的观察幼儿也知道金鱼游泳时方向是变化的,不是所有金鱼都是一个方向。通过幼儿的观察和老师的点拨,幼儿表现出来的作品就不是千篇一律的,而是千姿百态,各不相同。

4. 表现场景,创作作品

在彩墨画《金鱼的一家》课的教学活动中,笔者作了这样的尝试:引导幼儿在观察金鱼的基本形态基础上,深入观察它的特征——金鱼的动态。创作时幼儿表现出十分丰富的形象:有的只是尾巴小小的弯曲;有的则重在突出尾巴的大小;有的是好几条金鱼一起排队游;有的重在金鱼游的不同的方向;有的则表现了金鱼和水草的关系。整个活动过程体现了幼儿在观察中的主动性。幼儿从不同的角度去观察,不仅观察了物体本身,还意识到与它关联的其它物质及环境,使幼儿思维、想象发生很大的进步。

5. 置身场景,主体评价

引导幼儿用语言表达的方式说说自己的观点。如:自己最喜欢的作品,喜欢在哪里,还有什么建议等。

总之,在场景教学模式中教师要根据主题、内容选择相应的场景,同时,把活动中的技能隐性地通过提问观察让幼儿自己去发现,去探索。在现实场景中发现美、大胆想象,积累经验,将自己的个性在作品中表现得淋漓尽致。

三、在特定场景中感受世界的美妙

这里我们以彩墨画《金鱼的一家》为例,进一步阐述场景教学的美妙。

金鱼美丽多姿,颜色多彩,是幼儿园里小朋友喜欢的小动物之一。在我们教室的自然角里,孩子们有欣赏金鱼和喂养金鱼的经验,在我们的彩墨角里有提供欣赏金鱼的图片。孩子们在彩墨角也画过金鱼,但都千篇一律,同一个方向,同样大小,画出来的金鱼有点呆板,不灵动。基于金鱼不同的形状和丰富的色彩能在激发幼儿美的灵感、萌发他们在更广阔的想象空间的基础上,结合主题和幼儿的兴趣,教师设计了"金鱼一家"为主题的活动,通过观察用侧锋的方法表现金鱼。

《金鱼的一家》以彩墨活动侧锋顿笔的方式画金鱼,采用了场景教学模式,共四个环节:第一个环节是再现场景,激发兴趣;第二环境是观察场景,大胆想象;第三个环节比较场景,点拨方法;第四个环节表现场景,创作作品;第五环节是置身场景,主体评价。

1. 再现场景,激发兴趣

创设"金鱼的一家"场景,如:每桌上放鱼缸,鱼缸里有颜色、大小不同的金鱼等。活动过程中,教师充分创设"金鱼的一家"这一场景,幼儿通过感官观察金鱼的特征予以表达表现。在互动过程中老师会问:你看到了什么?金鱼是怎么游泳的?在场景中通过不同的角度作观察比较,引起幼儿的兴趣从而逐渐进入活动的高潮。

2. 观察场景,大胆想象

从不同方位观察金鱼游泳的方向、金鱼的姿态等去表现创作的想象。

这么多的金鱼是怎么游泳的呢?它们游泳的方向都一样吗?游泳的时候尾巴会怎样呢?(每个人所处的位置不同,观察的角度也不同,看到的金鱼自然会有变化,金

鱼方向也不一样)

我们画的时候先画什么后画什么呢？为什么？(先画我们先看到的中间那个最大的金鱼,再画其他的)

3. 比较场景,点拨方法

提问：金鱼游泳时尾巴怎样？金鱼游泳时尾巴是左右摇摆,那么,用毛笔表现尾巴时可以从不同方向表现。通过幼儿的观察和老师的点拨,幼儿表现出来的作品就不是千篇一律的。

4. 表现场景,创作作品

进一步巩固作品内容,教师提醒幼儿从不同角度去观察,加以自己的理解丰富作品内容。金鱼的品种有很多,你还见到过什么样的金鱼呢？把自己想到的金鱼也可以画出来。

5. 置身场景,主体评价

作品展示,说说自己喜欢的作品并讲出理由,提出建议。

总而言之,运用场景模式的方法提高了幼儿的观察力,在学习、认识、表现客观世界的过程中感受到世界的美丽奇妙和变化无穷,场景教学模式给了幼儿一个感受美的机会,激发了他们对大自然,对生活中美的感受力。

> **温馨提示**
>
> 1. 选择素材时要贴近幼儿生活、贴近自然,选择幼儿感兴趣的。
> 2. 使用场景教学模式时要注意彩墨教学活动中技能技巧的融合。
> 3. 现实场景要自然,教师易布置的,如：现实的大自然风景。
>
> (撰稿人：祝宏霞)

第9章 场景模式：在特定场景中感受世界的美妙

现场 9-1

我眼中的花

大班刚进入一个新的主题"春夏秋冬"，同时，现在又是春天，校园的环境非常美丽，到处都开满了鲜花，而幼儿在散步的时候，关注的重点也是各种各样的花朵，所以，结合他们的兴趣点，我设计了一节和花朵有关的艺术活动，并且在活动中运用了真实的花朵，让幼儿仔细地观察，表达自己的感受。

写生活动在大班有过尝试，并且幼儿的兴致也非常的高，大班幼儿在技能掌握上，已经可以表现画面的前后关系，可一到写生的时候，他们的作品画面中就缺少了前后关系，所以，这个是本次活动的重、难点。让写生活动在现实场景中引导幼儿去观察、去体验，丰富创作的灵感。

本次活动打破平时的艺术活动方式，通过幼儿自己去切身地观察真实的花朵，并且将自己的感受画在画面上。整节活动教师都将幼儿推在前面，没有明确的范例，而是运用了幼儿作品来讨论，解决活动的重、难点。由于有走动的观察，在放松的状态下，也促进了生生互动。在活动中，充分体现了幼儿的自由和自主，没有拘束的教学方法，让幼儿的作品更加丰富多彩。

这是大班第二学期的一节课，活动目标：在初步尝试写生的过程中感受春天花朵的美丽。活动重、难点：根据所站位置画出看到的花。活动主要分为四个环节。

一、再现场景,激发兴趣——导入春天的花(幼儿讨论美丽的春天)

关键提问:春天到了,你们发现了什么?

——幼儿自由回答

小结:原来在春天能看到各种各样开放的非常美丽的花。

二、观察场景,大胆想象——幼儿通过自己的换位观察,发现位置的不同,观察我看到的花(发现不同角度的花朵)

提问:今天老师把春天带到了班级里,一起来看看是谁?(出示花)

1. 关键提问:你看到的花是怎么样的?

2. 幼儿自由观察

3. 小结:你们看到的花是……(颜色、形状等)

4. 关键提问:从你站着的地方看到的花是怎么样的?如果换一个位置,还是一样吗?(请幼儿自己尝试换位置)

关键提问:你现在看到的花朵和刚才的有什么不一样?

5. 小结:原来我们换一个位置,从不同的角度看出去的花朵是不一样的。

6. 关键提问:谁能发现光照在花瓣上的颜色和没有照到的花瓣有什么不一样?

7. 小结:原来同一片花瓣,光照射上去花瓣会产生不一样的颜色。

提问:用油画棒的颜色怎么画出有光照射和没有照射的区别呢?

——幼儿自由回答

三、比较场景,点拨方法——根据自己所站位置观察看到的花

关键提问:我们看到的花有的靠近我们,有的离我们远一点,我们怎么画方便呢?
——幼儿讨论

小结:原来我们站的位置、方向不同,看到的花也是不一样的,画的时候靠近我们的可以先画,要画大一点,清楚一点;远一点的可以后画,画的时候可以小一点。

四、表现场景,创作作品——我眼中的花

师:今天我们就来画一画你看到的花。

要求:

1. 站在那里,画自己这个位置看到的花的形态。

2. 注意颜色的区别。

大班孩子画"我眼中的花"

五、置身场景，主体评价——分享我画的花（感受不同画面的美）

1. 关键提问：春天的花都开到你们的纸上了，说说你最喜欢的花是哪幅？理由？
2. 小结：原来同一件物品，观察的位置不同，看到的也是不一样的。

（撰稿人：祝宏霞）

现 场 9-2

带着线条去旅行

主题"我是中国人"内有一个"去旅行"的站点，国庆刚过，幼儿和家人正好有一起旅行的经验，在自由活动中，常常会讨论起自己去了哪里，看到了些什么。在他们的谈话中，能感受到旅行带来的快乐。幼儿有和家长一起出去游玩的经历，在旅行的过程中，会带来许多有趣的话题。班级"好书推荐"中，有一本全班的热门读物《跟着线走》，在书本中，只有一根神奇的线条，但每页都是一个崭新的地点，对于孩子们来说翻阅图书，每一页都会带来惊喜。将这本读物的内容与主题相联系，我们设计了一节"跟着线条去旅行"的活动，将旅行中美丽的风景与有趣的一笔作画结合，在画画、说说中，感受旅行中的快乐。

场景教学适合幼儿园彩墨教学,使彩墨教学趣味化、生活化、情感化,锻炼了幼儿的好奇心、毅力、观察力、创造力、审美能力。只有我们努力地创造适合幼儿彩墨教学的活动场景,他们才会以更大的兴趣去学习,去探索、去发现,幼儿的素质、创造能力得以更好的培养,其意义是深远的。在场景教学模式中教师要根据主题、内容选择相应的场景,同时,把活动中的技能隐性地通过提问观察让幼儿自己去发现,去探索。在现实场景中发现美、大胆想象,积累经验,将自己的个性在作品中表现得淋漓尽致。

这是大班上学期的一个活动内容,活动的目标是:在初步尝试一笔画风景的过程中,感受旅行带来的快乐。今天的活动运用场景模式的方法提高了幼儿的观察力,在学习、认识、表现客观世界的过程中感受到世界的美丽奇妙和变化无穷,场景教学模式给了幼儿一个感受美的机会,激发了他们对大自然,对生活中美的感受力。使用场景教学模式时要关注彩墨教学活动中技能技巧的融合,基于幼儿的年龄发展特点,建议:根据大班幼儿的年龄特点、主题内容等选择、选择素材时贴近幼儿生活、贴近自然,幼儿感兴趣的。今天的活动是孩子有旅游经验,是孩子感兴趣的。整个活动过程分四个环节。第一环节导入:经验分享,交流旅游的感受。第二环节运用有趣的视频,体验一笔作画的乐趣以及特点。第三环节,幼儿自由创作。第四环节,幼儿交流共享,讲述自己的快乐旅途。

一、再现场景,激发兴趣——我去过的地方,交流旅游的感受

师:关键提问:这是哪里?让你觉得最美的风景是什么?
(幼儿通过对图片中自己去过的地方的回忆作自由讲述)
小结:原来在我们旅行的过程中,能发现各种不一样的风景。

二、观察场景，大胆想象——线条旅行，了解"一笔作画"的特点

1. 师：这么多美丽的地方，线条听了，准备到我们中国也来转一圈，瞧！它先去了哪里？

（师用一根线条的画法"去旅行"，勾勒出幼儿常见景点的轮廓）

关键提问：线条是怎么走的？它和我们平时画的方法有什么不一样？

（引导幼儿观察与比较，知道是用一根线条勾勒出的，一根线条在旅行）

小结：原来神奇的线条旅行是一边想一边走，不会断的。

2. 它来到了哪里？谁去过这里？请你简单介绍一下。

（引导幼儿回忆自己去过的地方后作表述）

小结：××真是一个适合旅行和度假的好地方。

3. 关键提问：刚才那线条是怎么看到美丽的景色的？

（引导幼儿了解线条要走走停停，才能看得仔细）

小结：线条要走进去，这边看看、那边看看，就能看到美丽的风景。

三、比较场景，点拨方法——我带线条去旅行，幼儿创作

1. 在中国的地图上还有许多我没去过的地方，我都想去看看，瞧线条带我去了哪里？

2. 你们也去过许多美丽的地方，现在，也带上这线条到那些地方去旅行吧。

要求：

（1）握笔姿势需正确。

（2）线条连续不断、想好了再画。

（3）将中锋与侧锋相结合去画线条。

3. 幼儿创作

关键提问：你的线条去了哪里？

四、置身场景，主体评价——线条去哪儿，交流共享

1. 请你们来说一说，线条都去了哪里？

（鼓励幼儿发挥想象，大胆地表达）

2. 你们对这幅画有些什么好的建议吗？

（鼓励幼儿将别人给出的建议用毛笔予以调整）

小结：线条还会去更多的地方，走遍我们中国的大好河山。

（撰稿人：许赟婷）

现场 9-3

新鲜菜菜

《指南》在大班艺术领域中指出创设宽松、接纳的氛围,支持、鼓励幼儿感受氛围、感受环境,用各种美术表达方式表现自己所见。学习一些写生的知识,可以让孩子更好地表达自己的所需、所知、所感。在活动中引导孩子们从近处、远处及不同的角度观察各种蔬菜,感知远近层次关系,自由选择自己喜欢的蔬菜,找合适的位置坐下来绘画。

生活中常吃的蔬菜,剖面线条变化丰富,既生动有趣,又有想象的空间,十分美丽。本活动不仅能满足大班孩子感受美、欣赏美、表现美的兴趣和需要,而且能适合幼儿善于幻想的心理,可以培养孩子的观察力、想象力、创造力。同时,考虑到美术活动的核心是审美,因此,活动中利用范画来引导幼儿通过观察、交流、欣赏、绘画、讲述等方式来感悟蔬菜的规律美。在看一看、摸一摸、想一想、画一画、讲一讲中体验创造活动的快乐,助推孩子的发展。这是大班上学期的一个活动内容,活动的目标是:观察不同角度的蔬菜,大胆地用油画棒作蔬菜写生;积累多角度观察事物的经验,体验写生的快乐。在活动中,教师应充分理解和尊重幼儿的兴趣和爱好,更多地给幼儿以自由,让他们有参与创造活动的权利和机会,使他们在自由的天地里,在实践活动中,充分用眼、手、脑去发现、去创造,也只有这样才能真正使幼儿成为学习的主人,使幼儿的身心都得到健康和谐的发展。

使用场景教学模式时要关注彩墨教学活动中技能技巧的融合,建议:根据大班幼儿的年龄特点,选择素材时应贴近幼儿生活、贴近自然,选择幼儿感兴趣的。今天,关于蔬菜写生的活动是来自孩子的生活经验,是孩子感兴趣的。整个活动过程分三个环节:第一环节再现场景,激发兴趣,感知不同角度的蔬菜;第二环节观察场景,大胆想象,开展不同角度的蔬菜写生;第三环节比较场景,点拨方法,感受同伴不同角度的作品。

一、再现场景,激发兴趣——感知不同角度的蔬菜

1. 师:今天我们班来了很多蔬菜娃娃,我们一起来看看都有谁呢?(将蔬菜摆在幼儿前面的一张桌子上,让他们集体观察)

2. 幼儿观察蔬菜

师:它们里面是什么样的呢,让我们一起来看看吧!

师:玉米的衣服有长条的脉状纹理,剥开里面会是什么呢?(幼:里面是一粒一粒的)

追问:那一排排是不是站得很整齐呢?(幼儿观察玉米的排列情况)

师:我们再来看看卷心菜里面是什么样的。

小结:原来包菜里面是一圈一圈的,中间有个芯。

师:青椒里面是什么样的啊?(幼儿观察后讲述)

小结:小朋友真棒,青椒的里面是空的,但是上面这里有很多一粒一粒的籽。

3. 游戏:猜猜变身后的蔬菜?(ppt呈现三种蔬菜的不同角度、局部,幼儿观察三种蔬菜)

关键提问:

(1)你是怎么看出来的?

(2)验证并展示其他角度:为什么同样的蔬菜从不同角度看起来会不一样呢?

小结：同样蔬菜如果观察的角度不一样，看到的会不一样，让我们发现更多特别之处。

二、观察场景，大胆想象——开展不同角度的蔬菜写生

1. 四人一组，每组幼儿选择两种蔬菜摆在桌上。

关键提问：坐在不同方向的你们，看到的蔬菜有什么不一样？

小结：不同角度看到的蔬菜颜色、样子、大小、部位都不一样，甚至让人有意想不到的发现。

2. 画一画不同角度的蔬菜。

要求：观察桌上的蔬菜，从你的角度看到的蔬菜是怎么样的？将你看到的蔬菜大胆地画出来。

观察指导：

(1) 关注幼儿是否能尝试选择自己想要的绘画角度？

(2) 鼓励幼儿大胆表现自己看到的蔬菜局部并夸张表现？

(3) 观察幼儿对色彩的关注与表现方法？

小结：蔬菜展览马上就要开始了，检查一下你的蔬菜写生是否已经完成？

三、比较场景，点拨方法——感受同伴不同角度的作品

1. 猜猜我是谁：猜测我画的是什么？

2. 蔬菜好伙伴：一样的蔬菜找到放在一起。

3. 比比好朋友：我的蔬菜为什么不一样？（相同蔬菜的比较、欣赏）

小结：今天，我们从不同角度画了蔬菜，其实有很多有名的画家就喜欢从不同角度去画画。

4. 欣赏名画：欧吉芙画的不同角度的花、达芬奇画的不同角度的鸡蛋……

小结：原来会观察的才是大画家。

（撰稿人：许赟婷）

现 场　9-4

奇妙的小虾

大班主题"我是中国人"站点"了不起的中国人"之齐白石画虾。

齐白石是我国近代著名的大画家，他不仅国画技艺高超，并且具有做事坚持不懈的精神。不管是画家的作品还是画家本身的素养都非常值得作为幼儿欣赏、学习的素材。我班孩子有彩墨画画虾的基础，因此，今天的活动让孩子在了解齐白石作品特点、熟悉齐白石坚持努力的故事后来作画，我想，通过今天的活动孩子们会对如何画虾有更深的认识，更浓厚的兴趣。

中班以来，在我班的区角活动中，我们结合自然角设置了现实场景的植物的写生内容。写生角的内容在一段时间后渐渐受到了冷遇。我想通过这次活动，让孩子体验写生的乐趣。

在平时的日常生活中,我班不乏这样的孩子:缺乏做事的坚持性,而齐白石做事坚持努力的故事能让孩子感受到坚持努力就会成功有成果。本次活动的目标为:欣赏齐白石的作品、故事,了解其作品的艺术特点,知道做事需要坚持努力;能够仔细观察真虾,并尝试写生不同方向游动的虾。

一、再现场景,激发兴趣——引出主题

1. 出示作品:我这里有一位国画大师的作品,一看他的作品就知道他是谁了?

2. 齐白石爷爷在作品上画了什么呢?

3. 齐白石爷爷画虾最有名。接下来,让我们一起来欣赏齐白石爷爷的作品吧!

【设计意图:结合幼儿的已有经验开门见山地安排导入活动,过渡自然,使后面的话题得以深入。】

二、观察场景,大胆想象——欣赏齐白石虾,了解其作品的艺术特点

1. 你们发现齐白石爷爷作品中的虾都是一样的吗?哪里不一样?

方向不同:怎么画出方向不同的虾呢?

颜色不同:怎么画出颜色不同的虾呢?

2. 齐白石爷爷画的虾有一个最大的特点噢!你觉得是什么特点呢?

小结:齐白石爷爷作品里的虾形态、颜色各样,栩栩如生。它们游动的方向不同,身体的各部位很生动,就像真的在水中。

过渡:那他画的虾为什么如此生动?我们一起来听听他学画的故事吧。

【设计意图:本环节重点提两个问题:第一,目标指向注意引导幼儿观察虾的游动

方向、颜色、体态特征等,教师让幼儿有充分、仔细的观察后用自身的语言组织讨论。第二,幼儿回答后教师及时引导幼儿发现齐白石在用笔、用墨方面的灵动变化。】

三、比较场景,点拨方法——感受国画大师坚持努力的精神

欣赏故事:

在齐白石小的时候,他家边上有个水塘,他见池塘里的小虾在游动,他想啊,如果能天天看到池塘里的小虾该有多好!可是,齐白石家里贫穷,学不了画画,等他长大成人,才拿起画笔。齐白石真喜欢虾,于是他决定学画虾。齐白石就想跟着书本临摹画虾,但是临摹了一段时间后,他发现自己画的虾虽然很像,但却少了几分生动。为了将虾画得生动,于是,在自己书桌旁的水缸里养起了小虾。齐白石每天看虾、画虾。吃饭时想的是虾,走路时想的是虾,就连睡觉时想的也是虾。他每天坚持画画,一画就是几十年,柜子里、书桌上都是他的作品。直到齐白石九十多岁高龄,他都坚持每天画画。终于,他画的虾驰名中外,他成为了中国的大画家,真了不起!

1. 齐白石爷爷一开始是怎样学画虾的?

2. 后来他发现他画的虾怎么样?(不生动)那他后来用了什么办法?(观察、写生……)

3. 为什么他会成为中国的大画家?

小结:齐白石爷爷坚持努力,不断画画,才变成了一代有名的国画大师,他认真努力画画的精神值得我们大家学习噢!

【设计意图:在此环节中,通过观察、了解作品后,幼儿自然会对画家本身产生兴趣,从而更愿意了解画家本身的成长历程。在围绕目标的指向性中,对应第一条目标:欣赏齐白石的作品、故事,了解其作品的艺术特点,知道做事需要坚持努力。在讲述故事的环节中,并没有分段,而是采用整体欣赏的方式,一气呵成地让孩子了解大画家整

个学画、作画的过程。采用整体欣赏后提问的方式,不打扰幼儿的思考,让幼儿感受、欣赏齐白石的努力精神。而齐白石早年学画的故事是老师自己用彩墨画绘制的,在欣赏活动中,充分地给幼儿欣赏彩墨画的环境、氛围,让幼儿从故事的情景中,联系自身。】

四、表现场景,创作作品——合作画虾,体验画虾的乐趣

过渡:让我们一起来试试和齐白石爷爷一样写生,画出各种各样的虾吧!

1. 水缸中的虾是什么样的?想一想,怎么像齐白石爷爷一样能画出栩栩如生的虾。

2. 幼儿写生"虾"作品。

五、置身场景,主体评价

师生展示作品。

【设计意图:重拾幼儿写生的乐趣,并不采用白纸作画,而是在有底色、鱼缸形状的宣纸上作画,能够在短时间内让孩子着重关注虾的体态特征,并达成目标,最后展示的效果具有艺术美感。】

延伸活动:老师把小虾放在写生角,把齐白石爷爷的画放在彩墨角,区角活动的时候,你们还可以继续努力画画噢!

(撰稿人:祝宏霞)

第 10 章　音乐模式：多感官体验艺术之美

音乐模式是通过音乐在美术教学活动中的使用，让美术与音乐相互交融、相互渗透，从而加深幼儿对于美术内容的体验、感受、认识，激发幼儿在美术活动中的想象力和创造力。在教学活动中，采用音乐模式，使听觉、视觉多感官同时体验，帮助幼儿加深对美术内容的理解，从而更好地达到美术教学的目的。

现场 10-1

朝鲜族舞蹈

现场 10-2

京剧脸谱

现场 10-3

冬天的梅花

现场 10-4

跳舞的圆点

一、用听觉打开幼儿视觉艺术闸门

美术和音乐都是感官艺术,美术是从视觉上去获得美,而音乐是从听觉上去感受美,通过对美术作品和音乐的理解,可培养幼儿从画和音乐中去感知美、欣赏美和鉴别美,从而开阔幼儿的知识视野,提高幼儿个人修养以及综合素质。音乐模式融入美术教学活动中,能够充分发挥他们的整体效应,并按照美术教学规律开展有创意有个性的教学。

1. 音乐帮助幼儿欣赏和体验作品

音乐是建立良好学习氛围的载体,适当的音乐选择能提升一节美术活动的整体质量。《3~6岁儿童学习与发展指南》中艺术领域明确指出幼儿感受和发现美的重要性,而如何在画面中感受和发现美,光靠视觉的体验,只能单方面地理解画面的表面内容,在欣赏的过程中加入合适的音乐,可以让幼儿在一定的情景中去体验画面中的故事,将情感与内容相融合,体验画面中的意境美。

2. 音乐刺激幼儿创作和诠释画面

音乐可以激发幼儿的情感想象,而每个人的想法不尽相同,这就会给美术创作带来极大的想象和表现空间,幼儿在音乐的刺激下,把美的感受与体验通过美术活动的各种形式表现出来,这种想象的东西对于画面表现具有导向性和激励性,从而促进幼儿艺术思维能力和审美心理结构的发展。

音乐与美术都是借助于情感对学生实施美育的工具,能够净化心灵,培养幼儿的审美情趣和高尚的思想情操。它们的共同点是在一定的艺术氛围感染下，调动幼儿积极向上的情感，培养他们健康、丰富的精神世界，感受"真善美"的艺术真谛。

其实，美术与音乐是不可分割的艺术，它们从不同的角度诠释了艺术的含义，美术活动中适当的添加音乐有助于幼儿思维发展，更好地培养幼儿的情操，体验艺术创作的美。音乐与美术的相互融合，打开了幼儿想象的闸门，提供更广阔的思维空间。

二、用音乐诠释出不同的画面感

美术与音乐有各自的特点，有差异也有共同之处，彼此互相联系、互相影响。而音乐模式在美术活动中的介入可以分为两种形式——"欣赏活动"中的介入和"创作活动"中的介入。

（一）在"欣赏活动"中的介入

在欣赏活动中，不同时间段的音乐介入起到的作用也是不一样的，具体可分为三种：音乐激趣、音乐助学和音乐引思。

1. 音乐激趣

活动开头的音乐选择主要目的就是吸引幼儿的注意力。以彩墨欣赏活动"虾"为例，对活动开始的音乐选择作说明。本次活动的内容是让幼儿欣赏齐白石《虾》的作品，感受画面中虾的灵动感，所以，在活动开始的音乐选择上，甄选了比较轻快的八音盒轻音乐。活动开始前，直接播放音乐，一下子就能吸引幼儿的注意力，在音乐的配合上再次出示动态的国画小虾，瞬间就能激发幼儿继续参与活动的兴趣。所以，合适的音乐选择能快速吸引幼儿的注意力，使活动能顺利地开展下去。

2. 音乐助学

中间段的音乐选择要根据活动的内容去确定，选择切合主题和内容的音乐，从而起到渲染氛围、帮助理解作品的作用。选择适合作品内容的音乐,引发视觉与听觉的碰撞,帮助幼儿充分理解画面内容。

例如:徐悲鸿《八骏图》作品欣赏活动,在中间段加入音乐的时候,选择了《赛马》的背景音乐,使幼儿在欣赏作品的时候仿佛听到骏马自远而近的"铁骑突出刀枪鸣"的音响,身临其境地感受作品中的骏马奔腾的宏伟气势,将平面的作品立体化、形象化,帮助幼儿进一步理解作品的内容,甚至能体验到作者创作作品时的心境。恰当的音乐选择能瞬间营造画面氛围和情景,使幼儿身临其境地理解作品。

3. 音乐引思

结尾音乐的选择则要注意营造氛围,激发幼儿的想象。如果说活动中间段的音乐是激发幼儿第一次的画面想象,那么,活动尾声的音乐,就是引导幼儿的第二次想象。

同样是《八骏图》的欣赏活动,在活动接近尾声时适当地选择空灵的背景音乐,再结合教师的语言引导"这些马将奔驰远方……"幼儿的脑海中会出现他们自己想象的画面:骏马奔驰在草原、奔驰在森林……天马行空的想象将欣赏活动推向了高潮。因此,贴切的音乐选择能激发幼儿无限的想象。

(二) 在"创作活动"中的介入

在创作活动中,音乐的介入可以分成两种:背景音乐和介入音乐。

1. 背景音乐

适当的背景音乐可以影响人的心境、情景,很多时候,美术的创作灵感可以在充满灵气的音乐声中获得。

背景音乐能渲染氛围,激发灵感。在美术教学过程中,根据不同的内容,适当地运用合适的背景音乐可以激发幼儿的创作欲望。例如,彩墨画活动"梅花",在创作的过程中,适当地播放一些由具有中国特色的古筝、二胡等乐器演奏的古典音乐,渲染一种创作国画的氛围,可以让幼儿感受到幽静的气氛,有了适合的环境才会有更好的创作灵感,从心灵上培养幼儿的创作情趣,激发幼儿的兴趣,从而达到美术课的真正目的。

音乐的介入除了单纯的音频以外,还可以有视频与音频结合的方式。比如"京剧脸谱"的活动,在幼儿创作的过程中,选择有代表性的视频片段去播放,对幼儿来说,除了有听觉的体验,又添加了视觉的享受,更能了解京剧的一些特点,激发独立创作的灵感。

2. 介入音乐

音乐的刺激激发即兴创作活动,这是一种通过感受音乐,运用美术的各种形式表现音乐作品的不同情绪。在美术活动中,还有一种表现形式就是自由创作,而这时候的音乐介入则能将情感全面体现在画面中。

在艺术史上绘画大师通过音乐和形象、色彩的联觉作用而从事美术作品创作的例子有许多,比如康定斯基,他在听完勋伯格 1911 年 1 月在慕尼黑的首场作品音乐会后即兴创作的他的代表作《音乐会(印象之三)》,画面中黄色和黑色占据了画面的显著地位,黑色让人想起音乐中勋伯格的那架钢琴,画面反映出康定斯基具有非常强的把握音乐和绘画通感的能力。

通过各种资料的收集可以发现,这种音乐形式的介入,呈现的作品更多的是倾向于抽象派的作品,而在彩墨画活动中,抽象派画家最明显的代表就是吴冠中,他画面中看似凌乱的点、线、面却组合成了和谐的画面。

音乐所激发出的这种非具象的潜意识画面具有色彩感、幻想性、漂浮性。用抽象的绘画表现手法更为贴切,更容易使幼儿诠释出不同的画面感。

三、将音乐完美融于美术创作中

音乐与美术作为艺术的两种不同形式,有着难以割舍的关系。如何处理音乐与美术的关系,使之互相交融、共同发展呢？这里以音乐模式在创作活动中的使用为例来具体说明。将音乐完美融合于美术的创作活动中,具体做法可以分为四个环节：引入音乐,活氛围;感受音乐,释画面;理解音乐,入创作;沉浸音乐,乐分享。

活泼、欢快的音乐是幼儿喜欢的音乐,他们会随着音乐的节奏跳自由的舞蹈,拍手、点头、扭屁股等有趣的肢体动作都表现出他们自己对于音乐的喜爱和理解,结合幼儿兴趣,教师设计了以音乐感受为载体的"会跳舞的线条"彩墨活动,引导幼儿在感受、理解音乐的基础上,将自己的认识用画笔表现在画纸上,呈现出不同的富有情感的画面。

这里以"会跳舞的线条"为例,具体阐述音乐模式如何在实际美术创作活动中的实施。

1. 引入音乐,活氛围——欣赏《库斯克邮车》音乐伴奏

活动开始时,教师循环播放《库斯克邮车》的音乐伴奏,幼儿在熟悉音乐的前提下,自由地跳肢体舞蹈,在欢快的音乐声和活跃的氛围中,激发幼儿活动的兴趣。

在导入环节教师提问引导幼儿将自己的感受用语言表达出来：听一听音乐,谁来说一说库斯克的邮车是怎么开的？听着音乐你觉得邮车开到哪里去？通过老师的提问和追问,幼儿在第二环节就能将抽象的音乐用语言表达,在脑中展现出有形有色的具象画面,为后面的创作作一定的铺垫。

2. 感受音乐,释画面——通过有目的的引导,促进幼儿对于音乐的理解,并且运用语言表述出不同的画面

你觉得邮车会开到哪里去呢？教师非常巧妙的提问,引导幼儿展开对画面的想象,将音乐中的节奏与快慢、轻重与实际的场景加以联系,鼓励幼儿作出大胆的想象和表达,将自己对于音乐的不同感受用幼儿能理解的方式展现出来。

"我觉得邮车开到了一个大山洞里,因为音乐一会很轻很轻,一会从山洞开出来了,又变得特别响。"

"邮车开到了山上,上山的时候很吃力,所以很慢,然后下山了,又变得很快很快,嗖一声,滑下来了。"

"我觉得邮车开到了幼儿园,车上坐着很多小朋友。"

"邮车在转圈圈呢,啦啦啦啦啦啦啦,都转到天上去了。"

幼儿的不同回答,呈现出了各种有趣的画面,真正的将听觉艺术转变成了具象的画面艺术。在画面上诠释出了他们对于音乐的不同理解。

3. 理解音乐,入创作——将自己的理解表现在画纸上,通过引导激发创作,丰富画面

在幼儿创作的过程中,《库斯克邮车》的音乐继续循环播放着,老师引导幼儿将自己的理解画出来,并运用一些情节性的问题激发幼儿的再创作。

如:邮车开到了哪里?会看到谁呢?怎么样看上去,邮车是开得快快的?邮车只能直直地开吗?

低年龄幼儿的创作想象活动,是需要老师用语言来帮助他们丰富画面的,有效的提问能促使他们更丰富地表现画面,进入创作的环境中去。

4. 沉浸音乐,乐分享——通过说一说、演一演等各种形式,肯定幼儿的想象,激发他们再创作的欲望

在听一听、演一演的环节中,让幼儿将自己想象的画面表达和表演出来。

如:你的小邮车开得快吗?它开到了哪里?原来还能转圈圈地开呀?你能演一演转圈圈是怎么开的吗?我们一起来变成一辆长长的邮车吧。

总之,在《库斯克邮车》的欣赏创作活动中,教师运用不同的引导方法,促使幼儿将音乐画面化,具象化,并且在创作的过程中,充分发挥他们的想象力和创作力。

> **温馨提示**
>
> 　　1. 在欣赏活动前期，教师要对作品有一定的了解，再根据画面的内容以及教学的目标选择适宜的音乐素材。
>
> 　　2. 在创作活动中，可以根据创作目标和内容对音乐作品作一定的删减或改编。
>
> 　　3. 在教学过程中，力求以美术审美教育为中心，突出美术教育中的情感教育，不要让音乐素材变成活动的重心。但是，并不是说美术活动一定要与音乐相结合，而是在考量了活动内容与音乐有一定匹配度的前提下，再作一定的选择。音乐只是一种辅助，不能喧宾夺主。
>
> （撰稿者：殷梦姣）

现场 10-1

朝鲜族舞蹈

在"我是中国人"主题中，孩子们对我国少数民族有了初步的了解，特别是对几个典型民族的衣着和生活习惯都非常感兴趣，也欣赏了一些朝鲜族、苗族等少数民族的音乐，听辨了他们不同的音乐性质，体会了不同民族音乐节奏的特点。同时，在个别化活动中，幼儿已经在美术角有过少数民族服饰涂色及创作，所以，对一些民族服饰的造型也有了一定的了解，并且我们将部分少数民族服饰投放在个别化中的小舞台中，提供了很多有趣又好看的民族舞蹈视频，孩子们都愿意穿着漂亮的服饰去学一学、跳一跳，教师积极鼓励和支持幼儿这种大胆的表现表达，对幼儿的音乐表演行为给予支持和鼓励。

由于幼儿艺术领域学习的关键在于充分创造条件和机会，基于民族的音乐和舞蹈是一个幼儿感兴趣的活动主题，于是，结合我园特色，设计了这节"朝鲜族舞蹈"的活动，利用音乐舞蹈这个载体，用彩墨画形式表现出朝鲜舞造型的美。这是一节将美术、音乐活动结合起来，采用"感受——体验——表达"教学模式，将音乐、舞蹈模式融入彩墨画教学中的美术活动。《3～6岁儿童学习与发展指南》指出，能用多种工具、材料或不同的表现手法表达自己的感受和想象，5～6岁的幼儿已具有初步的逻辑思维能力，他们能根据活动的目的，在大脑中分析达到目的的不同方式。

而"朝鲜族舞蹈"是大班上学期的一个活动内容，活动目标是在尝试运用侧锋画出朝鲜舞蹈造型的过程中，感受民族舞蹈的美。活动的重、难点在于初步运用侧锋画出朝鲜舞造型。基于幼儿的年龄特点，孩子对朝鲜舞造型已经有了一定的了解，并有过侧锋玩色的经验。整个活动分为四个环节。

一、引入音乐，活氛围——听音乐，用毛笔练习不同的侧锋

导入：今天老师带来了两件宝贝。（出示：一支毛笔和一段音乐）

师：请你们听听这段音乐有什么特别之处？（节奏快慢不同）

关键提问：如果使用毛笔画画，当音乐快的时候，毛笔怎么画？慢的时候怎么画？

小结：画画时候的速度可以根据音乐的快慢节奏来确定。

（听着音乐来画画）

要求：

1. 不论画什么，毛笔都要躺下来。

2. 听着音乐让毛笔跳舞。

3. 只用一支毛笔，但一笔能画出不同颜色。

关键提问：观察画面你们发现了什么？

小结：毛笔躺下来能画出很大的一个面，而且一支毛笔能一笔就画出不同的颜色。

二、感受音乐，释画面——欣赏舞蹈，感受民族舞蹈的特点

过渡：毛笔跳好舞蹈了，请它休息会，我们一起来欣赏一段舞蹈吧。

提问：你在视频中发现什么地方最美？

小结：这是我们少数民族——朝鲜族跳的舞蹈，在舞蹈中无论是衣服还是动作都特别的优美。

观看 ppt 图片，一起来欣赏一下这些美丽的舞蹈服装。

幼儿做舞蹈动作。（可提供舞蹈裙子）

关键提问：这么大的舞蹈裙子要怎么画呢？

小结：朝鲜舞的裙子转起来特别大，我们可以用刚才玩过的侧锋试一试，能不能画出大大的五彩的裙子。

三、理解音乐，入创作——尝试作画

过渡：刚才你们做了许多漂亮的舞蹈动作，老师都将你们漂亮的动作拍了下来。

(ppt 播放)选一个你最喜欢的造型来画一画吧。

幼儿边听音乐边创作

教师观察:

(1) 幼儿是否能运用侧锋;(2) 是否能使用多种颜色;(3) 是否能有独特的造型。

四、沉浸音乐,乐分享——通过美丽的舞蹈,交流分享

1. 在听听、看看、演演中,说说你喜欢的舞蹈造型。
2. 孩子们一起来学一学。
3. 可以和同伴一起组合表演舞蹈造型。

(撰稿者:李小玲)

现场 10-2

京 剧 脸 谱

京剧并非是孩子生活中经常遇到和熟悉的事物,但确是中国的优秀传统文化,需要一代代去传承。让孩子接触京剧,了解中国这一特有的戏曲形式,从而从另一个侧

面来了解祖国的传统文化,激发起孩子喜爱京剧、热爱祖国的情感。脸谱有强烈的色彩、鲜明的艺术风格,很容易吸引孩子,符合孩子对色彩敏感的心理特点。同时,也可以根据孩子的学习特点,为了能够让他们亲眼所见、亲身经历,去更直观地感受体验京剧艺术的魅力,在"我是中国人"主题开展过程中,我们设计了一节以彩墨画为特色的美术教学活动"京剧脸谱"。

  幼儿园美术活动是为了让孩子具备初步的审美意识,挖掘和发挥孩子的创造能力。以中国传统艺术——京剧脸谱作为欣赏对象,目的在于让孩子了解祖国的传统文化,激发他们喜爱京剧,热爱中国传统艺术的美好情感,而后在欣赏的基础上,了解京剧脸谱的表现形式和手段,以脸谱绚丽的色彩及夸张的表情来吸引孩子,让孩子对"对称"、"夸张"等美术表现形式有所了解与尝试,以彩墨画为载体进而自主创作。

  《3~6岁儿童学习与发展指南》指出,幼儿艺术领域学习的关键在于充分创造条件和机会,通过前期一系列的活动,使孩子对京剧有一定的认识和理解。"京剧脸谱"是大班的一节彩墨画集体活动,为了让美术活动达到预期的效果,本次活动目标定位为:1.欣赏京剧脸谱鲜艳的色彩和夸张的形象,激发幼儿对京剧艺术的兴趣。2.尝试运用国画工具大胆表现脸谱的不同色彩。活动的重、难点在于用国画工具大胆表现脸谱的不同色彩。在活动开展中采用了层层递进的方法,一步步让孩子感受和体会到京剧脸谱的艺术气息。先是在欣赏京剧脸谱的邮票中让他们认识几个典型的人物的脸谱特征,如包公(黑脸)、张飞(红脸)、秦桧(白脸)等。在感受和体验中孩子们总结了京剧脸谱的特征:颜色都很鲜艳,而且里面的图案都是对称的,并且要用国画工具大胆表现。整个活动分为四个环节。

一、引入音乐,活氛围——音乐《说唱脸谱》引发幼儿兴趣

  1. 听音乐引出京剧脸谱:

今天我带来了一段好听的音乐,我们一起来听听。

这首歌你们听过吗？一起来听听是谁唱的呢？

2. 看视频引发幼儿观察了解京剧脸谱。

关键提问：视频里表演的人和你们平时看到的人有什么不一样？

小结：原来视频中这首歌里有我们中国国粹里的京剧脸谱。

二、感受音乐,释画面——ppt脸谱引导幼儿观察比较京剧脸谱的颜色、图案

1. 播放 ppt：让我们一起来看一看京剧脸谱到底是怎么样的？

关键提问：每个脸谱都一样吗？哪里不同？

颜色：有红脸、花脸、黑脸、白脸……还有多色的。

图案：脸谱上的图案都一样吗？有哪些花纹？

对称：有的脸谱对称、有的不对称。

小结：京剧脸谱有不同颜色和各种美丽的图案。我们的国粹真是既独特又漂亮。

2. 戴脸谱观察细节(引导幼儿观察发现脸谱有主色彩)

关键提问：看看你或是好朋友拿到的是什么颜色的脸谱,每个脸谱上的颜色都只有一种吗？有没有主要的颜色？

小结：原来脸谱都有一种主要的颜色,还可以有一些其他的颜色。

三、理解音乐,入创作——运用国画工具设计脸谱,大胆表现脸谱的不同色彩

1. 提问：今天请你们也来画一个京剧脸谱,你会选什么颜色,画什么样的图案呢？

2. 幼儿创作表现

1）引导幼儿在绘画中可以加水或吸水等。

2）引导幼儿观察其他脸谱。自由组合色彩。

3）观察幼儿绘画的细节（如花纹），适时引导。

四、沉浸音乐，乐分享——分享交流

1. 谁愿意来介绍自己的作品，也可以说说你最喜欢哪张？为什么？

2. 有的脸谱还可以更漂亮，我们可以互相提建议。

（撰稿者：李小玲）

现场 10-3

冬天的梅花

小班幼儿刚接触彩墨画，对于国画的作画材料并不是很了解，所以，在内容的设计上，选择了幼儿比较喜欢的游戏形式，同时提供能够摆弄的绘画工具，当他们看到自己涂鸦出的线条和图案时，就会感到非常的高兴和满足，本次活动的设计宗旨就是让幼

儿在玩的过程中,感受到线条的不同变化。同时,在内容的设计上,还适时地添加了有趣好玩的音乐,幼儿使用手上的作画工具跟随着音乐自由地投入表现和创作。

小班幼儿对于玩色有一定的基础,并且能使用不同的工具,如用弹珠、毛线、蔬果等在宣纸上玩色,在材料的选择上,是丰富并且有变化的,能出现不同的视觉体验,所以,这次活动在作画材料的选择上还是以玩色为主,运用自制的小拖把,幼儿能够随意地拖、甩、点、画。同时,蔬菜的拓印能出现梅花的外形,在各种动作的表现下,出现不一样的画面效果。并且通过好玩有趣的玩色环节,让幼儿体验创作的乐趣。

在活动的准备中,教师需要提供有快慢节奏的音乐和各种国画颜料,还有幼儿喜欢的蔬菜拓印工具。整个活动的目标是:初步尝试用拓印的方式绘画梅花,体验玩色的乐趣。本次活动主要分成四个环节。

一、引入音乐,活氛围——刷子宝宝跳舞:大胆画出浓淡、粗细各不同的线条,感受线条的流动与多变

教师引出小刷子

师:今天老师请了一个新朋友——布条刷子。

师:小刷子会跳好看的线条舞噢,我们来看看它是怎么跳舞的。看,小刷子画出了好多线,它跳的舞好看吗?

教师播放音乐视频。

二、感受音乐,释画面——幼儿跟着音乐的快慢用刷子跳舞

师:你们听到的音乐是怎么样的呢?

我们也来学一学,快快的音乐怎么做? 慢慢的音乐怎么做?

小结：快快的音乐时跳长长的舞、弯弯的舞，慢慢的音乐时轻轻地跳一跳，重重地跳一跳。

三、理解音乐，入创作——幼儿自由创作并且添画

1. 师：你们跳得真好看，我们请刷子在画纸上跟着音乐随意地跳舞吧！快快的音乐刷子要怎么跳呢？慢慢的音乐刷子要怎么跳呢？我们一起请刷子去跳舞吧！

师：看看你们画的像什么呢？（树枝）

小结：原来小刷子还可以在宣纸上跳出好看的画呢。

2. 漂亮的梅花——欣赏名画《梅花》，用拓印的方式按压梅花

集体欣赏名画

师：我们来看几幅漂亮的画，这是什么花？（梅花）谁画的？（齐白石）

师：梅花是什么样子的？

小结：这是梅花。冬天是梅花盛开的时候，梅花有很多枝干，有红红的花瓣，中间有黄黄小小的花蕊，散发出淡淡的香味。

3. 画梅花——用拓印的方式按压梅花

师：梅花怎么画上去？

师：今天我们用芹菜根画梅花，在红色颜料里压一下，轻轻压在刚才你们画好的枝干上。

幼儿操作，师巡回指导。

提醒：这根枝干上长了两朵梅花，那根枝干上长了三朵呢！每一个枝干上都要开出美丽的梅花来。

师：梅花中间还有黄黄的花蕊，用棉签点上去。

小结：原来我们能用一些好玩的东西变出很漂亮的梅花图。

四、沉浸音乐,乐分享——师点评,给予幼儿鼓励

师:你们的线条是怎么跳舞的?跳出了一片美丽的梅花园。

幼儿在长卷上敲章,教师把长卷展示在全体幼儿面前。

集体欣赏,喜欢哪边的梅花?小鸟去闻闻花香,去树枝上唱歌。

(撰稿者:殷梦姣)

现场 10-4

跳舞的圆点

最近,在班级里投放了一本草间弥生的绘本《爱丽丝梦游仙境》,幼儿对于绘本中有趣的画面很感兴趣,在观察他们看绘本的过程中,时不时地就会听到他们说:"哇!这个南瓜怎么是这个样子的!全是点点啊!"然后在个别化的活动中,有幼儿能尝试自己去画不同的圆点。但是,在创作的材料上有一定的限制,大多数幼儿只是在用蜡笔画不同颜色的圆点,没有更多的表现形式,结合幼儿的热点,我设计了音乐模式活动"跳舞的圆点"。

在表现形式的设计上,添加了新的元素,就是音乐的加入,我选择了贝多芬的《命运交响曲》片段,让幼儿感受音乐中的强弱,并且把抽象的听觉感受用具象的画面展示出来。这是幼儿第一次尝试音乐与美术创作的结合,所以,在材料的选择上,提供了幼儿熟悉的海绵,圆形的海绵能创作出和绘本中一样的有趣的波点,更像是一种游戏的形式,让幼儿发现海绵材料在宣纸上运用不一样的形式表现出来的效果也是不一样的,画面会产生不同变化。本次活动还可以在个别化活动中予以延续。

本次活动的目标是:听辨音乐,感受节奏中的强弱,尝试运用不同的方式表现在画面上;同时,能在活动中体验玩色活动的快乐。活动主要分成四个环节,第一环节让幼儿感受和理解音乐;第二环节通过个别幼儿尝试与表现,教师总结出音乐与创造表现之间的关系;第三环节使幼儿自由探索和创作;最后是交流共享的环节,教师要注重不同的表现方式与音乐之间的关系。

一、引入音乐,活氛围——感受音乐的强弱节奏

师:今天老师带来了一段很好听的音乐,一起来听听看。

关键提问:听到音乐,你有什么感受?

小结:原来音乐听上去的感觉是有重有轻的。

追问:什么叫重重的?什么叫轻轻的?你能表演出来吗?

二、感受音乐,释画面——尝试运用海绵表现出强弱

过渡语:刚才你们用自己的身体表演出了音乐中的强和弱,那么,如果用一张纸和一块海绵该怎么表现呢?

师：老师今天给你们带来了一块块海绵，它们要准备在纸上跳舞了。

关键提问：如果用海绵来表现音乐节奏中的强弱，你会怎么表现？

幼儿个别尝试。

（教师鼓励幼儿可以从大小、力度、高度等不同维度予以表现）

小结：原来重的音乐声我们可以用大大的力气把海绵按在纸头上，还可以选择大大的海绵球，而轻轻的音乐我们就可以轻轻地点在纸头上，或者可以选择小小的海绵。我们每个人听到音乐后的感受都能用不同的表现方式画出来。

三、理解音乐，入创作——把自己的感受表现在画纸上

师：除了刚才小朋友听音乐使用海绵画画的方法外，你还有什么好方法能表现出音乐中的强弱？请你来试一试。

教师播放音乐，幼儿集体创作。

教师重点观察幼儿表现音乐强弱的方式。

四、沉浸音乐，乐分享——集体欣赏作品

我们一起来看看你们的海绵在画纸上创造出了什么奇迹？

你是怎么创作出这种不一样的感觉的？你画的像什么？

说说你的妙点子。

活动延伸：在区角里面，你会用什么材料来试一试呢？还有什么好听的音乐也可以变出有趣的画面呢？

（撰稿者：殷梦姣）

音乐模式：跳舞的圆点

后　记

上海市嘉定区星华幼儿园自2009年成功申报成为嘉定区第一所"上海市书法实验学校"以来，秉承嘉定教育"文化铸魂，科技提升"的理念，深入推进教育综合改革。在教学改革和课程转型的大背景下，我们围绕"传承民族文化，弘扬民族精神"的宗旨，针对3~6岁幼儿的特点，从幼儿兴趣点和个人能力出发，积极开展幼儿彩墨画教学实践探索，让基础教育与特色教育并行，让孩子们从小就浸润在良好的传统文化氛围中。通过日常点滴的积累，让彩墨画特色文化在孩子纯洁的心灵里扎根、发芽、开花、结果，打造我们幼儿园办学的特色品牌。

2015年，我园"幼儿彩墨画"被评为"嘉定区青少年民族文化优秀传承项目"，我们以此架构了"笔墨中融入爱和快乐，画面上彰显美和智慧"的课程理念，积极引导幼儿投入"彩墨画"的学习和实践。我们通过科研课题带领教师对彩墨画教学深入探索与创新，让习得彩墨画的过程成为幼儿自理能力、良好习惯、爱国情感等品质的养成过程，经由这些必需的宝贵品质的觉醒而造就一份特殊的文化自信和文化定力，融入"教化嘉定"之中。彩墨画对幼儿发展注意力、提高观察力、强化动手能力等都起到了一种促进作用。这是我们幼儿园开展"两纲教育"、实施素质教育、"办好学前教育"的一个重要组成部分。

办好学前教育，我们是认真的！多年来，基于对学校课程建设的认识，结合教育综合改革的要求，立足自身实际，以观念转变为先导，以培育全面发展的幼儿为核心，竭力提高教师的课程执行力，推动办园质量的提升。我们这个研究团队在领导的关爱与专家的指导下，经过多年的努力，终于有了今天的《课程实施的 10 种模式》。在此，我们衷心感谢所有帮助过我们的领导、专家，衷心感谢星华幼儿园全体老师的辛勤探索，衷心感谢参与本书编写的全园老师的倾情付出，特别感谢上海市教育科学研究院杨四耕老师的悉心指导！

我们将以此为起点，牢记习总书记所说的"根据少年儿童特点和成长规律，循循善诱，春风化雨，努力做到每一堂课不仅传播知识，而且传授美德；每一次活动不仅健康身心，而且陶冶性情，让同学们都得到倾心关爱和真诚帮助"的重要指示，以高昂的斗志跨入新时代，以铿锵的步伐踏上新征程，以工匠精神作出新贡献！

姚丽萍

上海市嘉定区星华幼儿园园长

2018 年 5 月 20 日